Frutos do Umbral

Frutos do *Umbral*

pelo espírito
Helena

psicografia de
Maria Nazareth Dória

LÚMEN
EDITORIAL

Frutos do Umbral
pelo espírito Helena
psicografia de Maria Nazareth Dória

Copyright © 2016 by Lúmen Editorial Ltda.

5ª edição – Julho de 2022

Direção editorial: *Ronaldo A. Sperdutti*
Coordenação editorial: *Casa de Ideias*
Projeto gráfico e arte da capa: *Casa de Ideias*
Impressão e acabamento: *Renovagraf*

Dados Internacionais de Catalogação na Publicação (CIP)

(Câmara Brasileira do Livro, SP, Brasil)

Helena (Espírito).
 Frutos do Umbral / pelo Espírito de Helena ; [psicografado por] Maria Nazareth Dória. – São Paulo : Lúmen Editorial, 2016.

 ISBN: 978-85-7813-170-8

 1. Espiritismo 2. Psicografia 3. Romance espírita I. Título.

16-01247   CDD-133.93

Índices para catálogo sistemático:
1. Romances espíritas psicografados :
Espiritismo 133.93

Av. Porto Ferreira, 1031 - Parque Iracema
CEP 15809-020 – Catanduva/SP
17 3531.4444

www.lumeneditorial.com.br | www.boanova.net
atendimento@lumeneditorial.com.br | boanova@boanova.net

2016

Proibida a reprodução total ou parcial desta obra
sem prévia autorização da editora
Impresso no Brasil – *Printed in Brazil*
5-7-22-100-4.660

À minha família e a todos os meus amigos, com muito amor e gratidão. Cada um de vocês é, de fato, alguém muito especial em meu coração.

Sumário

Palavras da médium 9
Mensagem do espírito 13

PARTE I 17

1. Sorteio 19
2. Chegada à primeira colônia 23
3. Percorrendo o sofrimento 29
4. Mães 35
5. Zayra 46
6. Conselhos para a família 66
7. Assistindo ao desencarne 69
8. Assistindo à vida na Terra 89
9. No hospital 101
10. Uma colônia exemplar 112
11. Homem da caverna 130
12. Armadilhas do desejo 138
13. Vale do Fogo 148

14. Vale da Solidão 163
15. Vale dos Avarentos 175
16. Reencontros no Umbral 189
17. Deixando o Umbral 201

PARTE II **211**

18. Estação da Luz 213
19. A cura 218
20. O trabalho dos irmãos na casa espírita 229
21. A sabedoria de pai Antonio 239
22. Sementes 250
23. Fonte Azul 260
24. Lírio da Paz 273
25. Nosso Recanto 294
26. Reencontro inesperado 314

Palavras da médium

É difícil descrever meus próprios sentimentos diante do peso da responsabilidade que é receber e transmitir partes de muitas das verdades que existem do outro lado da vida.

Muitas e muitas vezes, enquanto estou psicografando, vejo pessoas, lugares e situações que nem sempre são agradáveis e maravilhosos. As emoções são as mesmas que sentimos ao assistir um filme de longa-metragem: deparamo-nos com cenas tristes e alegres, mas não podemos interferir, apenas ver, ouvir e transmitir.

Esta é uma história que, no início da psicografia, tive muita dificuldade em transcrever, pois muitas e muitas vezes, concentrada no que via e ouvia, precisava parar e debruçar na mesa para chorar.

Implorei várias e várias vezes à misericórdia divina pelo auxílio para concluir o trabalho que havia iniciado. Se Deus me confiou esta tarefa, eu precisava ter forças e terminá-la!

Por vezes me senti tão envolvida que cheguei a temer estar sendo possuída por espíritos obsessores. Ia dormir orando, acordava orando, e hoje eu agradeço a Deus pelas lições que aprendi e por me auxiliar a compreender melhor o outro lado da vida.

Quando nos transportamos espiritualmente para outros planos espirituais, não perdemos a noção de quem somos nem de onde estamos, mas nos damos conta de que somos impotentes, aprisionados em um frágil corpo carnal.

Foi gratificante encontrar muitas respostas para perguntas que antes eram muito difíceis de entender: por que há tantos velhos e crianças sujos, vivendo nas ruas como pedintes? Por que pessoas tão boas morrem de forma tão triste?

Passei agradecer a Deus muito mais do que pedir Sua ajuda! Fui convencida pela minha própria consciência de que tenho muito mais motivos para agradecer a Ele do que para lamentar.

Passei a entender as prioridades de Deus, tornei-me mais humilde, passei a ouvir mais as pessoas, ter mais paciência com aqueles que precisam de mim.

Ouço respeitosamente todas mensagens de nossos mentores espirituais, pois sei que em cada uma delas há apenas uma intenção: esclarecer e ajudar-nos a completar nossa missão com sucesso.

A cada página deste livro compreendi profundamente como Deus é um Pai justo e misericordioso com todos os Seus filhos.

Diariamente, em nome de todos meus irmãos pecadores como eu, peço perdão ao Mestre Jesus por ter vindo à Terra como um espírito voluntário, mostrando-nos que somos todos filhos de Deus. Porém, nem todos puderam compreender isso até hoje.

De verdade, entendi que há muitos espíritos iluminados entre nós e, por não terem um corpo físico, às vezes, convivemos com eles e não lhes damos ouvidos.

Conscientemente, hoje me questiono: o que seria do mundo se apenas os espíritos devedores, ignorantes e sofredores pudessem reencarnar? Quem iria adotá-los como filhos? Quem iria conduzi-los à Luz? Quem iria educá-los para Deus? O que seria de nós, de nossos filhos, pobres pecadores?

Implorei tanto a Deus para que tudo isso fosse fruto de espíritos brincalhões querendo atrapalhar minha caminhada e envergonhar a doutrina espírita; para que Ele, como o Pai Criador, prendesse minhas mãos, vedasse meus olhos, tapasse meus ouvidos.

Quanto mais orava, mais via e ouvia. Fui estimulada a escrever, então, acreditei que Deus queria que eu escrevesse e, assim, cheguei ao fim.

Somos meros aparelhos de transmissão espiritual, sob conselho dos próprios mentores. Peço a ajuda de outros irmãos para que possamos melhorar o conteúdo desta obra da realidade do mundo espiritual, nossa futura morada.

Mensagem do espírito

Nenhum ser que passa pelo "Umbral" pode esquecê-lo. O coração de todos que o deixaram levou um desejo ao sair: voltar e fazer alguma coisa para ajudar os que ficaram.

Preparei-me com todas as forças que pude. Dediquei-me plenamente a estudar e pesquisar os valores de minha nova realidade. Tudo isso pude encontrar ao lado dos mentores de luz, bem como nos estudos desenvolvidos e baseados no "Evangelho de Nosso Senhor Jesus Cristo".

Encontrei em cada mentor as explicações para minhas dúvidas como um espírito em crescimento. Quando fui convidada e me propus a colaborar com este trabalho, entrei com apenas um propósito: ajudar!

Vou narrar o que passei, o que aprendi e não esqueci em minha passagem pelo Umbral. Não considero minha estadia por lá um castigo, mas um ajuste, pois, se não tivesse feito esse estágio nessa grande escola, jamais poderia participar desta caminhada de hoje.

Ao fechar meus olhos, revejo cada detalhe do que vamos narrar daqui para a frente. Falar do Umbral não me é doloroso, pois foi exatamente lá onde me curei de minhas maiores chagas.

Enquanto arrumava alguns objetos, pensava: "Estou voltando ao Umbral, não como estagiária, mas como voluntária". Fui agraciada com um prêmio espiritual por ter concluído meus estudos.

Nas atividades preparatórias para acompanhar nossos mentores recebemos a tarefa de observar o trabalho dentro dos presídios terrenos, e posso afirmar: a cada dia que passa, ficam mais e mais lotados. O crime vem aumentando em todo o mundo, fugindo do controle das autoridades mundiais.

A violência na carne aumenta na mesma proporção que o desajuste no espírito. O Umbral hoje está com uma superpopulação de espíritos errantes, o que preocupa as organizações espirituais.

Aproveito esta oportunidade para fazer um apelo a todos os trabalhadores: unam-se, conscientizem-se dos deveres espirituais que cada um assumiu com o Pai Maior, que é prestar a caridade! Caridade é a conscientização da existência de Deus.

Estudem mais o Evangelho de Jesus Cristo, ouçam as palavras de Deus dentro dos vossos corações. Recebam os ensinamentos dos mestres como um bálsamo e distribuam essas bençãos a todos os seus semelhantes.

Meus irmãos trabalhadores, procurem redobrar suas atenções com os mais necessitados de instruções e educação religiosa. Vocês são os pastores a quem Jesus confiou suas pequenas ovelhas, para serem amparadas, doutrinadas, amadas e encaminhadas para casa.

Não usem a ferramenta que o Pai Maior lhes entregou em confiança – a mediunidade – para fazer dela um instrumento de vaidade. Não faça dessa essência divina um produto que pode ser vendido em qualquer lugar.

Seu dever é distribuir aos pobres cada centelha recebida das mãos de Deus e doar a seus semelhantes da mesma forma como receberam: de graça!

Não deixem que o orgulho e a vaidade lhe fechem a visão, não permitam que a ganância transforme vocês em espíritos avarentos e desajustados.

Preparem-se melhor, estudem mais!

Lembrem-se de quanto Jesus renunciou em nosso favor, Ele se doou por nós. Se estou falando tudo isso é porque passei por experiências dolorosas, tanto na matéria quanto no espírito, e hoje tenho ânsia de ajudar para que outros não cometam os mesmos erros que cometi.

Tentem aos poucos se livrar de maus hábitos e vícios carnais. Nosso tempo como encarnados na Terra é curto se comparado ao tempo da verdadeira vida!

O trabalho de um encarnado unido ao do mentor espiritual é uma corrente de Luz, sustentando aqueles que se encontram caídos e clamando por socorro. Como somos gratos a vocês, meus irmãos!

Um "Centro Espírita" é um pronto-socorro, os médiuns exercem o papel de médicos e enfermeiros espirituais, doam-se com alegria e humildade, facilitando o trabalho dos mentores.

Os mentores necessitam dos médiuns para concluir suas tarefas de resgate e primeiros-socorros dos irmãos encarnados e desencarnados que são trazidos ao local de atendimento.

Minha intenção neste livro é alertá-los para uma realidade chamada "Umbral". No Umbral não há pessoas inocentes, todos que se encontram lá são devedores da Lei Maior, têm motivos para chegar até lá.

Nos presídios terrenos existem muitas pessoas que entraram inocentes e pagaram por crimes dos outros, nesses casos a falha está na justiça dos homens. No Umbral é sempre aplicada a justiça de Deus, ou seja, ninguém entra lá sem de fato merecer.

Agradeço ao Divino Mestre e a todos os irmãos que estão de mãos dadas comigo e dando-me forças, pois, sem essa ajuda, seria muito difícil me levantar sozinha.

PARTE

I

1.
Sorteio

Chegamos ao fim do nosso curso – que, na Terra, corresponde a uma faculdade. Felizes, cumprimentávamos uns aos outros. Foi um longo caminho que trilhamos, estávamos emocionados! Agora chegava a hora de retribuir em trabalho o que recebemos de Deus.

O mentor responsável pela colônia onde vivíamos, ao final das comemorações, pediu a atenção dos presentes:

— Para não cometermos injustiça, pois todos vocês estão aptos para receber este prêmio, nós vamos "sortear" o primeiro grupo que seguirá com os mestres por uma excursão científica. Os demais, não fiquem tristes, pois todos farão essa excursão, seguirão em escalas, ou seja, quando uma equipe retornar, será escalada outra. Todos serão contemplados. Será a primeira experiência de cada um de vocês fora da colônia depois de tantos anos de estudos e dedicação. É um prêmio que todos fizeram por merecer!

Nossos mestres riam diante de nossa expectativa. Todos nós colocamos a mão sobre um painel luminoso, que foi coberto por uma luz verde. O mentor, então, disse:

— Vamos pedir ao Pai, é Ele quem vai indicar os primeiros a seguir!

Fechamos os olhos. Acho que cada um de nós pensava a mesma coisa: na Terra torcemos para ser sorteados e ganhar viagens turísticas. No entanto, nas colônias espirituais, onde vivemos com tanta paz e segurança, torcemos para não ser sorteados.

— Abram os olhos e confiram o resultado – disse o mentor.

Na tela apareceram os rostos dos sorteados, e entre eles estava o meu! Os mestres desceram do palco e vieram nos abraçar, dizendo: "Parabéns! Procurem ficar tranquilos!". De fato, este é um dos maiores prêmios que um espírito estagiário pode receber.

Eu tremia, minha vontade era de chorar, pois não me sentia segura para sair do aconchego e da segurança que a colônia e os amigos me davam. Um dos instrutores me abraçou e disse:

— Calma, Rosa! Vocês vão receber todas as orientações necessárias antes de partir para nossa grande aventura! – e continuou falando baixinho no meu ouvido: – Se você continuar com essa expressão de tristeza, vou sugerir ao nosso superior que cancele o sorteio! Mas advirto que quem sairá perdendo será você...

Fomos preparados e orientados para acompanhar nossos mentores, e chegou o grande dia de partir. Procurávamos ficar tranquilos, embora fosse possível notar a tensão no rosto de cada um.

Nossos superiores eram mestres com larga experiência, iríamos dar um mergulho nas trevas e levar um abraço de Luz aos irmãos que ainda estagiavam pelas sombras. Fomos informados do roteiro, mas não do que iríamos conhecer. Voltar ao Umbral era tudo o que eu queria um dia, mas naquele momento eu tremia.

Nossos amigos nos deram muito apoio e nos animaram bastante, lembrando-nos de que não estávamos recebendo um castigo, e sim um prêmio!

Por mais que eu tentasse me manter tranquila, sabia que estava voltando ao lugar pelo qual passei muito tempo de minha vida. Desta vez, voltava não como hóspede, mas como voluntária que precisava fazer algo pelos irmãos que se curavam de suas feridas.

Com esses pensamentos de tristeza fui acometida por uma depressão muito grande, cheguei a perder as forças só de imaginar as agruras que me esperavam.

Meus companheiros de missão me animaram, dando-me forças, transmitindo energias positivas e fazendo orações em meu favor. Em todas as ocasiões de nossa vida as orações são o alimento da alma, fortalecem os fracos. Já animada e mais forte, me conscientizei da responsabilidade assumida com os mentores. Fui preparada e consciente de que poderia fazer somente o que estivesse dentro dos desígnios de Deus, sem interferir no trabalho dos meus superiores.

Firmei meu pensamento em Deus, lembrei-me dos ensinamentos de Jesus Cristo a seus discípulos e de sua bondade para com seus algozes. Lembrei-me do amor da mãe de Jesus pela humanidade; lembrei-me das mãos iluminadas que me acolheram; lembrei-me de que estava ali para levar Luz às trevas, e não tristezas e lágrimas, aonde a dor era o retrato falado da vida de seus habitantes.

Embarcamos tensos, mas confiantes. Enfim estávamos sendo guiados por mentores de Luz com larga experiência por esses caminhos.

2.
Chegada à primeira colônia

Nosso carro começou a descer lentamente, penetrando uma zona nublada, na qual a vegetação começava a ficar escassa e seca, as árvores raquíticas, com folhas amareladas e defeituosas. O caminho estreitava-se cada vez mais. Por vezes tivemos de parar para dar passagem aos redemoinhos que vinham levantando um pó acinzentado, lembrando as cinzas de um vulcão.

À medida que descíamos, nossos olhos deparavam com cenas estranhas, entradas escuras, túneis se abriam aqui e ali, ouvíamos gritos distantes. Orávamos de mãos dadas. Alguns animais, que lembravam ratos gigantes, corriam de um lado para o outro na estrada.

Mais adiante tivemos de parar o carro, pois ouvimos uma explosão, e logo pedras rolavam à nossa frente, caindo só Deus sabe onde. Aves horripilantes gritavam enquanto engoliam sujeiras da terra. Lembravam gaviões, e rolavam pelo chão, lutando entre si.

Passamos por um caminho estreito. Nosso carro se movia com muita dificuldade. De repente, avistamos faróis à nossa frente iluminando o cascalho do caminho. O condutor parou e encostou o carro na estreita estrada, para dar passagem ao outro veículo. Que alegria ao descobrir que eram irmãos de nossa colônia trazendo alguns doentes – levavam-nos ao hospital da colônia vizinha. Seguimos adiante, sempre orando.

Deparamos com um pântano escuro, coberto de uma lama negra, e nosso carro esbarrou em algo que parecia ser um tronco velho. Qual não foi nossa surpresa ao ver uma gigantesca serpente, levantando-se e investindo contra nós – enfurecida, batia com a cabeça e a cauda em nosso carro. Orávamos enquanto o carro estava sendo sacudido pela gigante serpente, que soltava uma baba acinzentada e sibilava um ruído ensurdecedor.

Vimos com alegria quando ela se afastou deixando seu rastro na lama. Seguimos em frente e logo vimos uma espécie de jacaré com duas cabeças, que mergulhou na lama quando o farol do nosso veículo iluminou o caminho.

Atravessamos o pântano e finalmente chegamos ao outro lado. Soprava um vento forte, o chão era coberto de um pó avermelhado. Havia árvores aqui e ali, compridas e secas, sem folhas nem frutos.

Na escuridão da estrada, forçando a visão, notei uma cerca de arame farpado de ambos os lados. "Por onde vamos sair?", pensei. Deus, eu jamais imaginei que o Umbral fosse assim! Sei que fui uma interna por muito tempo em uma de suas alas, mas não me lembrava de como cheguei nem de como saí de lá. Rezava e pedia ao Senhor e Criador de todo o universo forças para que pudéssemos seguir em paz.

Um dos mentores apontou uns vultos que se aproximavam da cerca e logo recuavam, retorcendo-se. Explicou-nos que aquela cerca de arame emitia uma carga elétrica, provocando choques em quem as tocasse.

Avistamos a entrada de uma colônia – um enorme portão de ferros grossos vigiados por muitos guardas uniformizados. Vimos um pátio com alguns cavalos preparados para montaria. O que mais me chamou atenção é que todos os animais pareciam saudáveis e tranquilos. No portão, fomos recebidos por um dos guardas que, aproximando-se de nosso carro, deu boas-vindas e nos convidou a entrar. Outro apareceu com uma tocha na mão para auxiliar nosso condutor a estacionar o veículo.

Descemos com cuidado. Havia um cheiro de terra queimada. Um dos guardas nos informou que os trabalhadores se revezavam entre si de tempos em tempos, e que era seu primeiro dia na colônia.

Fomos levados para o outro lado do portão, de onde avistamos uma pequena construção. Entramos em uma sala ampla que lembrava a civilização terrena.

Sentado atrás de uma escrivaninha estava um homem alto, jovem e muito simpático. Com nossa chegada, levantou-se, estendeu a mão e cumprimentou-nos, convidando-nos a sentar.

O ambiente era agradável, bem iluminado, a larga janela mostrava flores de várias cores plantadas na sacada. Reparei que na sala havia uma estante repleta de pastas enumeradas e bem organizadas. Sobre a escrivaninha do guardião, duas bandejas com as inscrições: saída e entrada. Calmo, ele nos recebeu.

— Sejam bem-vindos, espero ajudá-los no que for possível. Como vocês ver podem ver, nosso trabalho aqui é muito complexo, ninguém pode reclamar de rotina! Estou aqui há mais ou menos sete meses chefiando essa equipe de voluntários, que se revezam de tempos em tempos. Temos aqui muitos irmãos em recuperação, que estão em uma fase crítica de sua vida espiritual, assim como muitos de nós já esteve, por isso, nada mais justo que colaborar com nosso Pai Criador. Diariamente recebemos e liberamos vários elementos que precisam desse primeiro tratamento.

Apontou para uma pilha de papéis em cima de sua escrivaninha:

— Estão vendo isso aqui? São registros de entradas e saídas que recebi hoje!

De repente, um dos guardiões entrou pedindo licença ao chefe e apresentando um calhamaço de papel e disse:

— Senhor, o irmão que tentou fugir foi recapturado. Tudo voltou ao normal, ele foi socorrido, está tudo bem.

O chefe agradeceu ao guardião, que se retirou logo em seguida. Fiquei enternecida com o trabalho daqueles soldados, pois eles estavam ali como voluntários. Após alguns minutos de informações, ele nos recomendou repousar, acrescentando:

— Daqui a pouco começa a cair a temperatura; aconselho que se mantenham protegidos. Ao raiar do dia a temperatura volta ao normal. Essa queda de temperatura durante a noite é para que os internos se aquietem e descansem, mas mesmo assim eles tentam fugir da colônia, embora não tenhamos registrado nenhum caso, pois os que tentam sair da área são sempre recapturados.

O chefe examinou os papéis e nos disse sorrindo:

— Trabalho por aqui não falta! Mas fazemos com tanto amor que não percebemos que o tempo existe e passa. Vou pedir a um dos nossos irmãos para acompanhá-los aos seus aposentos. Descansem e se refaçam para enfrentar a jornada de amanhã.

Um jovem que não aparentava mais que dezoito anos, simpático e alegre, acompanhou-nos até os pequenos, limpos e confortáveis aposentos.

— Desculpem-nos, irmãos – disse o guardião –, nossas acomodações aqui são precárias. A única coisa boa é o amor que dedicamos uns aos outros. Por favor, não saiam de seus aposentos; receberão a refeição aqui mesmo. Permaneçam neles até o amanhecer. A temperatura já está muito baixa, é hora de todos se recolherem. Descansem e guardem suas energias, vocês vão precisar, pois a jornada de amanhã é longa. Meu nome é Ismael. Qualquer coisa que vocês precisarem, é só apertar esse botão aí no painel, virei atendê-los.

Recebemos uma refeição leve, à base de sucos de frutas (dependendo da evolução dos espíritos, eles ainda precisam se alimentar, especialmente de líquidos). Eu e minhas companheiras de quarto nos demos as mãos orando e mentalizando Jesus como fonte de luz e de vida.

Logo sentimos uma imensa paz em nosso coração, e o silêncio se fez geral.

3.
Percorrendo o sofrimento

Acordamos com uma música suave e uma luz azulada irradiando o ambiente. Preparávamo-nos para o dia, quando Ismael apareceu sorridente, desejando-nos bom-dia!

Fomos convidados a participar das orações da colônia. Entramos em uma pequena sala ornamentada com flores brancas. Na parede, um belíssimo quadro com a imagem de Jesus ajoelhado em frente à Virgem Maria ofertando-lhe uma rosa branca – lindíssimo.

O chefe dos guardas, ajoelhado, mãos postas e olhos semicerrados, orava em silêncio. Do alto de sua cabeça emanava um raio de luz que aumentava gradativamente. Todos os guardiões repetiam o mesmo ritual.

O ambiente foi ficando fresco, perfumado, víamos luzes de todas as cores refletindo ao redor daqueles cavalheiros de luz. Diante dessa cena, choramos de emoção. Quanta bondade e quanto amor testemunhamos entre aqueles irmãos voluntários. A luz irradiando nas trevas era a força do amor!

A música suave ecoava no ambiente, dando-nos uma paz muito grande. Palavras de conforto e de esperança acompanhavam a melodia. Ismael nos explicou que em todas as colônias do Umbral aquela música estava sendo ouvida. Revigorados, animados e agradecidos pelo abrigo daquela noite, seguimos acompanhados por um guardião da colônia. Fomos instruídos para nos mantermos tranquilos, pois tudo estava bem, e tudo o que iríamos ver era normal e fazia parte da rotina de vida que cada um escolheu usando o benefício da lei do livre-arbítrio.

Partimos em nosso veículo, e entramos em um local coberto de fumaça por todos os lados. Muitos homens se atracavam. Tinham rostos monstruosos, alguns soltavam gritos e pareciam animais urrando. Alguns deles corriam em direção ao nosso veículo, tentavam se aproximar, mas algo os empurrava para trás, fazendo-os gritar palavras de ofensas contra nós.

Na escuridão não podíamos enxergar o chão. Aqui e ali homens se contorciam de dor e gemiam baixinho. Alguns enfermeiros com macas recolhiam doentes.

Seguimos adiante, orando de mãos dadas para suportar aquelas visões sobre as quais já havíamos sido alertados, porém, era difícil vivenciá-las.

Em uma comprida e estreita valeta cercada por ferros grossos que soltavam faíscas estavam vários homens de pé, sem espaço para se movimentar, nus da cintura para cima, com aparência animalesca, blasfemavam uns contra os outros. Por entre alguns que estavam de mãos amarradas por largas correntes, várias serpentes rastejavam, e eles gritavam palavrões, juravam vingança e que matariam todos assim que saíssem dali. "Seriam loucos?", pensei.

Por todo o corredor ouvimos palavras de ofensas. Alguns cuspiam em nossa direção ou gargalhavam dizendo:

— Prefiro ficar aqui a estar no meio de vocês!

— No dia que sair daqui arrebento com vocês, seus filhos...

Estávamos assustados com tanto sofrimento e, mais ainda, com a dureza dos corações daqueles homens que não pareciam arrependidos de nada. E eles ouviam as palavras dos mestres diariamente! Mas seu coração continuava endurecido.

Mais adiante vimos guardiões retirando alguns homens que estavam caídos. Avistei também um cavalheiro vestido de branco. Sua luz era intensa, estava rodeado de seis enfermeiros que colocavam os corpos nas macas e saíam às pressas.

O mestre explicou-nos que eles eram de uma equipe de resgate, que levavam e traziam diariamente novos prisioneiros, aqueles que por livre e espontânea vontade chamavam o socorro da Luz eram transferidos aos hospitais para receber os tratamentos adequados.

O cavalheiro que avistamos era um dos chefes de ronda. Ele trabalhava resgatando e libertando os que clamavam por socorro. Aqueles seres que pareciam adormecidos tinham acabado de receber uma anestesia geral, acordariam somente quando estivessem em melhores condições espirituais e mentais. Estavam sendo levados a um hospital nas proximidades.

"Então, foi isso! Eu também devo ter passado pela mesma situação, não me recordava de como havia entrado ou saído de lá...", e segui pensando nessa hipótese.

Eles passaram por nós. Os enfermeiros vestiam uma roupa especial, máscaras e luvas, mas o homem de branco não usava equipamento algum. Passou nos cumprimentando gentilmente com um aceno de mão.

Perguntei ao nosso mestre por que ele não usava nada, vestindo-se normalmente e caminhando entre os trevosos sem nenhum problema. "Por que ele não se vestia como os outros?" Nosso mestre explicou:

— Ele já não precisa de ar ou de vestimentas especiais, pois nada ali o atinge. Ele já alcançou um grau de elevação em que sua mente gera todas as energias necessárias ao seu bem-estar.

Encontramos outro grupo de socorro. Eram soldados fardados e equipados adequadamente, guardiões que faziam a ronda ao redor da crosta terrestre. Traziam homens algemados, amarrados e acorrentados, formando uma fila indiana, que seguiam acompanhados por outro grupo de soldados. Os prisioneiros proferiam palavrões contra Deus, ameaçavam os soldados, mas estes não pareciam se incomodar.

Do outro lado vimos vários homens que clamavam em voz alta por piedade em nome de Deus e choravam como crianças. Um carro, parecido com os trens terrenos, encostou, e vários prisioneiros foram resgatados. Eram acomodados carinhosamente e recebiam os primeiros socorros ali mesmo.

Entre os prisioneiros, haviam alguns que pareciam orar em silêncio. O instrutor local apontou para eles dizendo-nos que seriam resgatados. Aqueles homens estavam tal como o fruto maduro: pronto para ser colhido.

Ele apertou o botão de um pequeno aparelho que levava consigo e pediu socorro. Ali, diante dos nossos olhos, chegaram os guardiões. Rapidamente retiraram os que estavam prontos. Tiraram suas algemas, colocando-os em macas, e saíram. Arrisquei uma pergunta:

— Por que não socorrem todos?

— Porque nem todos estão amadurecidos na Luz. Todo sofrimento que vocês veem neste vale é fruto da consciência de cada um. Nenhum castigo aqui é imposto por Deus, mas sim uma escolha livre que cada um fez. Esses homens que vocês viram ainda ardem de febre da ira humana; a passagem deles por aqui é muito importante, pois se trata de um avanço para a cura do espírito. Esses irmãos foram aqueles que destruíram a natureza com sua ganância colocando fogo maldosamente sobre a Terra, matando pessoas inocentes. Aqueles que você viu aprisionados entre as serpentes foram estupradores e matadores de crianças e mulheres indefesas. Hoje eles recebem na carne a dor que provocaram em inocentes criaturas. Esses que estão pendurados sobre o gelo envenenaram as águas ou outros líquidos, levando irmãos inocentes à morte. Ninguém entra aqui sem motivo, mas quando alguém resolve sair sempre tem um novo objetivo: valorizar a vida. Valorizamos a Luz exatamente porque conhecemos as dificuldades das trevas. Esses irmãos internos não são inferiores a nós aos olhos de Deus. São apenas nossos irmãos em recuperação.

Depois de aprendermos com os mestres, bondosamente fomos guiados ao nosso percurso seguinte.

4.
Mães

Prosseguimos pelas estradas estreitas em silêncio, cada um refletindo sobre o que tinha visto e aprendido. Nosso mentor nos informou:

— Vamos conhecer outro vale. Mantenham-se calmos, pois devemos transmitir esperança aos que sofrem e, quando é possível, animá-los, mostrando que um dia já passamos pelas mesmas dificuldades e que todos podem vencer!

Entramos em um estreito caminho e percebemos que a temperatura aumentava. Logo vimos seres com rosto deformado se arrastando no escuro. Eram criaturas horrendas, uns sem olhos, outros sem braços, outros sem pernas, alguns corriam segurando órgãos expostos.

Chegamos a uma espécie da rampa. Havia um carro parado, que identificamos ser de um grupo de resgate. Alguns irmãos do resgate traziam corpos ensanguentados dentro de uma rede, que lembrava uma de pesca, e colocavam-nos do carro. Notamos que do teto do veículo caía uma chuva fina, lavando e energizando aqueles corpos macilentos. Muitos deles foram colocados no carro. Que lição de vida nos deram aqueles irmãos voluntários! Trabalhavam com tanto amor e destreza que nos deixaram comovidos.

O carro seguiu com os guardas de plantão acompanhando os enfermos. Os voluntários acenaram para nós, e vimos que, em vez de se locomover pelo chão, o veículo elevou-se no ar, desaparecendo rapidamente.

Nosso mentor explicou que eles estavam transportando aqueles irmãos para o pronto-socorro Sagrado Coração de Jesus, que ficava bem próximo à crosta da Terra. Após os primeiros socorros todos os irmãos daquela região eram encaminhados a sanatórios, escolas ou hospitais espirituais especializados.

Entramos em uma estrada tortuosa que cheirava a enxofre. Ele nos advertiu que ficássemos tranquilos. Que tudo estava bem, apenas deveríamos estar com o pensamento na Luz.

Mostraram-nos uma entrada do Umbral. Foi explicado que se tratava de uma ala na qual ficavam homens que estupraram e engravidaram filhas, mães e irmãs.

Do outro lado ficavam os homens que mataram seus pais, esposas, filhos e irmãos. Do outro lado, os matadores de aluguel. Não entramos nessa área por orientação do guardião, pois não estávamos preparados nem autorizados a entrar em tal zona no momento, mas iríamos conhecer outro vale que também recebia espíritos nas mesmas condições.

Seguimos orando. Estávamos sensíveis devido a tudo o que tínhamos visto até então. Encontramos muitos grupos de socorro e alguns grupos que traziam prisioneiros – isso era uma rotina, segundo nos informou um guardião local.

Fomos encaminhados a uma colônia pequena, parecida com a Terra em alguns aspectos. Lá, fomos bem recebidos, e pudemos nos refazer do cansaço da viagem. Era, no meio das trevas, um lugar de repouso iluminado por seres de muita luz e bondade.

No dia seguinte, logo cedo, agradecemos pela hospitalidade daquele abrigo iluminado e partimos para mergulhar nas trevas novamente.

Orávamos em silêncio, percebíamos a Luz que irradiava de cada mestre. Marieta, uma das minhas companheiras de viagem, desabafou:

— Meu irmão matou a esposa e se matou logo depois, por ciúmes. Nunca mais tive notícias dele. Vi tanto sofrimentos... Fico imaginando onde ele estará. Senti vontade de pedir ajuda aos guardiões e perguntar por ele, mas entendi o que eles nos ensinaram: somos como frutos, amadurecemos naturalmente sem a intervenção de ninguém.

Abracei-a e oramos juntas de mãos dadas.

Um outro guardião foi escalado para nos acompanhar e nos informou:

— Vamos entrar em uma área na qual vocês devem prestar muita atenção para entender como é a vida por aqui.

Adentramos uma zona montanhosa, os rochedos se abriam em grandes crateras. Víamos vultos correndo de um lado para outro. Firmei o pensamento em Deus, eu precisava ver melhor aqueles seres e entender quem eram aquelas criaturas. Percebi que eram mulheres grávidas completamente deformadas, arrastavam-se com o peso do corpo, fugiam de alguma coisa que eu ainda não sabia o que era. Mais adiante pude compreender por que elas buscavam esconderijos... Seres trevosos acompanhados de cães passavam por nós rangendo os dentes e blasfemando. Nosso instrutor nos alertou que orássemos, pois eles não nos viam.

Um dos seres apanhou uma mulher e vimos quando ele esbofeteava seu rosto, chutava seu ventre, puxava seus cabelos, enquanto ela gritava de dor e jurava vingar-se dele.

— Nós não podemos fazer nada por ela? – gritei, desesperada.

Nosso mentor me fez sentar e, colocando suas mãos sobre minha cabeça, orou para me tranquilizar:

— Cuidado com suas emoções, minha filha! Elas podem prejudicar você e eles! Nada podemos fazer por ela, a não ser orar em seu favor. Ela necessita perdoar-se e buscar Deus dentro de si, aí, sim, estará pedindo socorro divino. Essa mulher certamente negociou como um objeto o filho que Deus lhe confiou, por isso sofre as consequências de suas próprias ações. Sua libertação só depende dela mesma.

Outras mulheres caídas no chão comprimiam o ventre com as mãos, gritavam e praguejavam; outras, ainda, pareciam estar em trabalho de parto. "Meu Deus! Será que nascem crianças aqui? O que vai acontecer com elas, meu Deus! São crianças inocentes."

Vi uma mulher sentada. Era couro e osso, parecia um esqueleto. Um ser agarrado aos seus seios sugava suas forças. Era uma mistura de gente e animal, mas ela parecia contemplá-lo com amor. Vi que dois enfermeiros se aproximavam deles com uma maca.

Fiquei observando aquela cena terrível. Nosso instrutor, percebendo minha indignação, esclareceu:

— Ali ficavam as mulheres que, ainda com seus filhos no ventre, venderam-nos como se fossem objetos. Eles eram espíritos rebeldes e revoltados que poderiam se elevar se recebessem o amor dos pais. Muitas dessas mulheres engravidaram drogadas, e, ao entregar o corpo à violência da paixão sexual, elas atraíram seres trevosos ao seu ventre. Ali não havia espíritos inocentes, apenas devedores. Mas, pelo fato de eles se amarem, logo seriam resgatados e estariam prontos para uma nova caminhada.

"Seres trevosos aproximam-se de casais nessas condições e, por serem fugitivos, se escondem maldosamente no útero de mulheres irresponsáveis, a fim de renascer como parasitas, trazendo desgraças para a humanidade. Todas as mulheres envolvidas com o crime durante a gravidez ficam naquela zona de sofrimento. É a Lei de Deus. Cristo nos instruiu: 'Amai-vos uns aos outros, assim como eu vos amei'. Portanto, o ato sexual entre um homem e uma mulher deve acontecer com amor e respeito um pelo outro. Os casais que geram seus filhos na lei do amor, respeitando os ensinamentos do mestre, atraem para si espíritos preparados nas faculdades espirituais. Mesmo sendo um espírito devedor, ele vem conscientizado de sua missão."

Quando saímos de lá, eu estava com o coração apertado. Nosso carro deslizava vagarosamente pelo estreito corredor, a neblina ofuscava nossa visão. Paramos em frente de uma pequena piscina de leite e sangue. "O que seria aquilo?", pensei.

Percebi alguns seres pequeninos se arrastando, começaram a beber o líquido sofregamente. Nosso instrutor nos pediu calma, pois eles não nos viam. Então, fizemos uma corrente de oração, todos de mãos dadas e com o pensamento em Jesus Cristo, pedindo por aqueles pequenos irmãos. Após saciarem a sede, as criaturas saíam satisfeitas, se arrastando e se escondendo pelas frestas.

Assim que se afastaram, vimos algumas mulheres deformadas e esqueléticas se aproximarem da piscina e a abastecendo com o leite do seio. Ouvíamos o que falavam umas com as outras.

Uma delas comentou:

— Prefiro fazer isso! Retiro o leite com as mãos, mas não quero aquela coisa horrível grudada em mim!

— Eu também detesto a ideia de ser mãe, jamais daria de mamar! – repetiu a outra.

— Então, aqueles monstrinhos eram os filhos daquelas infelizes? – perguntei ao nosso instrutor.

— Sim. Deus é tão bom que ainda concede a graça e o dom a essas infelizes de gerarem o leite, ainda que manchado de sangue, mas é a sustentação da vida de seus filhos – respondeu o instrutor. – Um dia elas os amarão muito, como já vimos acontecer com algumas mulheres, aqui mesmo neste local, amamentando seus filhos disformes e apertando-os junto ao peito com muito amor. Essas mães e seus filhos em breve estarão prontos para o resgate, e assim, no futuro, voltarão para uma nova reencarnação na qual terão chance de se amar verdadeiramente.

Guardei aquelas últimas imagens e refleti muito sobre o amor que une pais e filhos. Prosseguimos.

Mais abaixo, em uma área nebulosa, onde um vento forte soprava enquanto alguns abutres davam voos rasantes, vi uma mulher ajudando outra a dar à luz. Ficamos observando a cena.

Chegamos a um lugar aberto, protegido por uma enorme pedra que servia de cobertura, onde havia algumas mulheres deitadas e, do outro lado, dentro de um cercado, alguns bebês disformes dormindo – eram seus filhos...

Quanto sofrimento! Eu me recordava de meu próprio passado, e todo esse sofrimento poderia ter sido evitado, se eu não tivesse usado mal meu livre-arbítrio.

Prosseguimos nossa caminhada no vale, observando aquelas mulheres sofredoras. Elas não nos viam nem nos ouviam, somente nós ouvíamos o que elas falavam. Mais adiante, encontramos alguns homens planejando às ocultas a vingança que iriam aplicar em algumas mulheres.

— E eles, quem são? – perguntei ao mestre.

— São os inimigos dessas mulheres, muitos são os pais dos seus filhos. Esses homens pensam que elas são as culpadas pelo seu sofrimento, pois imaginam que elas engravidaram de propósito para complicar a vida deles – respondeu o mestre.

Escondendo-se aqui e ali, vimos uma mulher que se aproximava de uma fenda de onde descia um fio de água limpa para apanhar água em um pote de barro. Outra mulher apareceu de outra extremidade, trazendo um saco cheio de pão. Ouvimos o que uma delas disse:

— Acho que hoje vai dar para todas se alimentarem. Amanhã, se tivermos sorte, vamos ter alguma coisa além do pão.

As duas mulheres sentaram-se em uma pedra e, com ar de sofrimento e cansaço, a outra começou a falar:

— Eu estou ficando cansada, Lourdes. Essa noite, depois de tanto tempo que estou aqui, sonhei com minha mãe. Ela me levava a um lugar tão bonito, eu via o sol, as nuvens... Foi tão lindo que acordei chorando. Amanheci com um aperto no coração, uma saudade imensa da minha família, especialmente da minha mãe – lágrimas caíam dos olhos da mulher.

— Só mesmo em sonho, minha amiga – respondeu a outra de cabeça baixa. – Mas, mesmo assim, sonhar faz bem! Eu tenho tido muitos sonhos maravilhosos. Quando acordo e caio na real, também choro. Se pudéssemos voltar atrás, não é mesmo?

Acompanhamos a conversa das duas.

— Marina, estamos no inferno! Vou lhe contar uma coisa: quando eu era pequena, acompanhei minha mãe algumas vezes a um local onde se falava deste lugar, mas nunca acreditei que tal coisa pudesse existir. Agora eu sei que existe, pois estamos aqui! Hoje, não sei por quê, tive vontade de gritar alto por Deus! Sinto vontade de ver o céu, as flores, as pessoas...

— Você ainda se lembra de alguma oração, Lourdes? Eu sinto vontade de rezar, mas não me lembro de nenhuma oração!

— Podemos tentar. Mas será que isso vai nos ajudar?

Emocionados, dirigimos uma corrente de energia ao mental daquelas mulheres. Oramos o Pai Nosso, e Lourdes foi captando e recitando junto conosco. Marina também captava nossas energias e chorava em silêncio. Mentalizando a imagem da mãe, pedia socorro.

Vimos uma luz iluminá-las por completo. Continuamos orando, vimos que da luz foi formando a figura de uma mulher. Seu manto era prateado, e sua beleza, angelical. Ajoelhou-se em frente às duas, estendeu as mãos e, sorrindo, disse:

— Vamos, minhas filhas. Jesus as chama, vamos para casa.

Como por encanto, as duas se levantaram oferecendo as mãos. Lourdes falou:

— Anjo de Deus, não posso deixar meu filho neste lugar. Ajude-me a salvá-lo.

— Não tema, minha querida. Você voltará para buscá-lo.

As lágrimas inundavam nossos olhos. De mãos dadas com a amiga, Marina perguntou:

— Como podemos deixar as outras? Quem vai cuidar delas?

— Filhas, outras ocuparão o lugar de vocês nessas tarefas, confiem em Deus – respondeu a benfeitora.

Mais duas entidades cobertas de luz surgiram e estenderam os braços para receber os corpos deformes das mulheres. Enquanto a iluminada senhora aplicava um passe de repouso, as duas adormeceram como crianças. As entidades, carregando os corpos adormecidos em seus braços, oraram e se elevaram, transportando as duas mulheres que amadureceram no Umbral.

A linda entidade abençoou o pão e a água e, em um passe de mágica, transportou-os até as mulheres famintas. Logo vimos algumas mulheres chegando à fonte. Voltando-se para nós, a entidade nos pediu:

— Oremos, meus irmãos, hoje e sempre.

Ficamos de olhos fechados, emocionados com a presença de um anjo. Nosso instrutor, então, chamou-nos à razão:

— Ela é uma irmã que trabalha na sagrada corrente da Luz, protegendo todas as mães que doam a própria vida em favor dos seus filhos. Foi o que essas duas mulheres fizeram. Além de aprenderem a amar seus filhos, cuidavam dos filhos de outras mães. Vinham buscar alimento para outras mulheres poderem gerar o leite da vida. Aquelas duas pediram socorro e foram socorridas, e agora terão chance de auxiliar muito mais seus filhos.

Que lição sublime nós aprendemos! Deus protege todas as mães, pois os mensageiros de Luz estão diariamente naquele vale, abençoando o pão de cada dia e resgatando para a Luz os filhos de Deus.

Saímos de lá impressionados com tudo o que tínhamos visto. A realidade que existe no segundo plano de nossa vida, logo após o desencarne, estava ali em cenas vivas diante de nós.

Saímos da colônia das mães emocionados e, ao mesmo tempo, revigorados. O que presenciamos ali entre aqueles seres infelizes foi uma lição de vida e esperança.

5.
ZAYRA

Nosso carro entrava em uma área em que o ar cheirava a bebida, fumo e perfume. Paramos em frente a um portão de ferro alto e bem trabalhado. Fomos recebidos por dois homens na entrada e um deles, chegando perto do veículo, perguntou ao nosso condutor:

— Onde está a ordem de entrada?

— Aqui está, senhor – o mentor apresentou o documento.

— Tudo bem! Pode abrir o portão para eles! – disse o homem.

— Vieram buscar alguém em especial, ou estão em pesquisa? – perguntou o homem que abriu o portão. E continuou falando: – Sabemos que não estão aqui para se divertir! São gente da Lei, não é mesmo?

— Estamos em pesquisa, meu irmão – respondeu nosso instrutor educadamente.

— Por mim, tudo bem, fiquem à vontade. Só avise às garotas que estão com os senhores para tomarem os devidos cuidados, pois os homens por aqui bebem muito, sabe como é, e acabam confundindo as pessoas. Vou acompanhá-los até o escritório da nossa chefe.

Marieta e eu nos entreolhamos. "Então, a chefe era uma mulher?", pensei.

O lugar era estranho, não havia plantas, a terra seca rachava-se aqui e acolá.

— Parece que por aqui não chove há muito tempo – comentei.

— Sim, por aqui não chove. A chuva que cai nesta terra são as lágrimas daqueles que, arrependidos dos seus pecados, buscam Deus.

Passamos por uma praça cercada de bares e ouvimos um som ensurdecedor, uma música com uma letra bizarra. Algumas jovens com roupas transparentes mostrando partes do corpo, excessivamente enfeitadas e pintadas, se divertiam entre os rapazes.

Os homens barbudos, vestidos com roupas de couro escuro, bebiam, fumavam, gargalhavam e beliscavam as garotas. Quando nos viram, ficaram parados, sem sair do lugar nem nos ofender com palavras.

Orávamos a Deus, pois estávamos em uma área onde o pecado predominava. Chegamos em frente a um exótico chalé e esperamos pelo retorno do mensageiro dentro do carro.

O informante apareceu acompanhado pela chefe, uma mulher que aparentava ter mais ou menos trinta e cinco anos, alta, morena, maquiada, trajava roupas coloridas e transparentes. Estava coberta de joias e usava um perfume muito forte.

— Zayra, são essas as pessoas que estão à sua procura! – disse um rapaz que apontou para nosso grupo.

— Pode voltar aos seus afazeres, Aníbal – respondeu ela com autoridade. – Cuidarei deles.

Ele saiu sem olhar para os lados. Sorrindo, Zayra nos convidou:

— Desça, minha gente! Não precisam ficar com medo de mim! Eu estou acostumada com o povo da Lei.

Nosso instrutor foi na frente e apertou a mão dela. Olhamos para ele, que nos pediu com o olhar: "Apertem a mão da moça!".

Então, ela começou a falar:

— Bem, senhores, é impossível acomodá-los em minha casa. Mas temos a casa da Ana. Lá vocês ficarão bem acomodados.

Ela nos levou até o outro lado da rua. Entramos em uma casa simples e ficamos maravilhados ao notar a limpeza e o ar puro que corria dentro da casa. Parecia não fazer parte daquele mundo. Vasos com flores enfeitavam o ambiente. No iluminado salão, havia muitos leitos cobertos com lençóis brancos, e um quadro de Maria Santíssima com Jesus menino nos braços completava a decoração.

Uma senhora de meia-idade apareceu sorridente, muito meiga e simpática. De sua aura fluía uma luz que iluminava o ambiente. Ela nos recebeu de braços abertos.

— Sejam bem-vindos, irmãos. Meu nome é Ana, estou aqui para ajudá-los.

Zayra, parada na porta, disse para nós, após cumprimentar Ana:

— Estão entregues! Quando quiserem percorrer a área, procurem-me. Ana cuidará de vocês. Dois homens de minha confiança vão acompanhá-los em suas pesquisas. Até logo e passem bem.

Ana agradeceu a Zayra e nos convidou a entrar.

Fiquei espantada: como poderia Ana viver naquele lugar do pecado? Observando-a, pensei: "Como uma pessoa tão iluminada como Ana pode viver em um local como este e manter relações amistosas com uma moça como Zayra?".

— Meus irmãos, não se assustem, pois entre os espinhos nascem as rosas! Sou muito grata a Deus por estar aqui. Esta casa é um abrigo construído pelas irmãs da colônia Sagrado Coração de Jesus, em comum acordo com Zayra. Estou aqui colaborando com o Pai – respondeu Ana como se ouvisse meus pensamentos. – Antes de virmos para cá, tínhamos dificuldades na remoção dos doentes internos, pois nem sempre era possível fazer o socorro de imediato. Entramos em um acordo: esta casa acolheria o povo da Lei (é assim que vocês são chamados aqui) e seria um pronto-socorro de emergência. Vivemos em plena paz e procuramos ajudar uns aos outros.

Após uns minutos de conversa, nós nos lavamos, plasmamos roupas limpas e fizemos uma leve refeição preparada por Ana. Descansamos ao som de uma música suave que nos ajudava a meditar.

Repousamos por algumas horas, até estarmos dispostos novamente. Levantamos e nos preparamos para sair. A dedicada irmã Ana, sempre sorridente, perguntou:

— Irmãos, posso chamar os servidores de Zayra para acompanhá-los em suas tarefas?

— Por favor, irmã – agradeceu nosso instrutor.

A irmã Ana voltou acompanhada por dois homens fortes, que ficaram parados do outro lado da rua. Nosso mentor havia nos preparado para não sermos atingidos pelas vibrações negativas do local.

A praça estava semi-iluminada por tochas de madeira avermelhada e embalada por uma música inebriante. Homens e mulheres se divertiam alheios à nossa passagem.

Paramos em um ponto onde casais riam, bebiam e fumavam ao som da música. Um dos rapazes gritou:

— Pessoal? Vamos lá! Um, dois, três e já!

Ficamos observando eles se ligando ao mental dos encarnados. Acompanhamos todas as cenas dos espíritos trevosos ligados aos encarnados. Em uma boate, a música estridente invadia o palco. Jovens bebiam e se drogavam, deixavam-se levar pelo fogo da paixão. Esses irmãos infelizes sugavam sofregamente as energias daqueles jovens, que se entregavam às maiores loucuras humanas ao se sintonizarem com eles.

Logo entravam na disputa pelo poder como animais selvagens que querem liderar o grupo de fêmeas. Brigavam entre si, e rapidamente víamos corpos estendidos pelo chão, enquanto nossos algozes sugavam suas energias. Outros se aproveitavam dos corpos das meninas desprevenidas para tentar se esconder em seus corpos. Ouvi um deles comentando:

— Vou entrar nesta aqui, vou me vingar do pai dela! – rindo, falava em voz alta. – O que ele me fez passar vai lhe custar caro! O pai dela era policial.

Orávamos a Deus e registrávamos tudo o que se passava ali. Uns casais vagavam pelas ruas e entravam tranquilamente em algumas casas de família, incentivavam a discussão entre os familiares. Eles passavam por portarias altamente vigiadas e ainda zombavam dos seguranças, às vezes fazendo brincadeiras de mau gosto, como jogar um copo d'água ou de café em suas roupas ou pisar em seus pés. Os seguranças se contorciam de dor – sem poder mudar de posição, acreditavam ser cãibras.

Eles andavam em grupos, e cada grupo tinha um líder. Faziam de tudo nos lugares que entravam: casais se separarem, incentivavam os jovens a usar drogas e a largar os estudos etc.

O sexo era prioridade nos desejos deles. Tios seduzindo sobrinhas, cunhados assediando cunhadas, patrões conquistando empregadas, maridos traindo suas esposas, pais estuprando filhas... E eles sugando toda a energia possível. Fiquei horrorizada com tantas cenas absurdas! O mundo inteiro vivendo essa guerra de crimes e violência.

"Deus! Nunca imaginei que houvesse um lugar como este!" Observando-me, nosso instrutor respondeu:

— Filha, aqui é como a nascente de um rio, parece pequeno, mas vai se estendendo e inundando toda parte com maldade.

Eu chorava vendo aqueles irmãos ingratos que tomavam conta da Terra e apodreciam a mente humana, levando à destruição total. As lágrimas desciam dos meus olhos. Eu estava muito triste, quando senti a mão do meu instrutor em minha fronte e, aos poucos, me acalmei. Então, continuamos acompanhando o trabalho deles.

Vi um grupo que chegava em frente a uma casa espírita. Quando o chefe, sempre na frente, tentou entrar, foi jogado para trás, gritando e profanando palavrões. Tive a impressão de que ele havia tomado um choque. Ele virou-se para o grupo dizendo:

— Vamos procurar outra casa. Nesta aqui não podemos entrar!

Chegaram em outro Centro Espírita, não havia um guardião olhando a entrada. Logo, notamos alguns médiuns mistificando – estavam sendo usados por esses obsessores. Falavam e faziam coisas absurdas que fogem aos ensinamentos do Mestre.

O grupo tomou conta da casa, foi uma das cenas mais tristes que já vi. Aqueles aventureiros espirituais, sujos, bêbados, sem qualquer escrúpulo, davam nomes dos mensageiros trabalhadores de Deus sem constrangimento nenhum. Riam e se divertiam enganando os tolos, que os procuravam prometendo mundos e fundos para eles, que adoravam receber presentes.

Acompanhamos o trabalho deles. O chefe do grupo mandava as meninas seguirem maridos a pedido das esposas, colocando mulheres que se afinavam com elas no caminho deles. Logo vinha a separação, em que a esposa se livrava do marido, ficando com a casa e todos os bens do ex, recebendo pensão e se passando por vítima perante a sociedade e a família.

— Por que não há guardião na entrada daquela casa? Por que seus dirigentes sintonizam o baixo astral? – perguntei ao mestre.

— Vimos muitas casas sendo fechadas e seus dirigentes tendo várias complicações, mas, às vezes é necessário que esses médiuns vaidosos sintam na pele a seriedade dos trabalhos espirituais para que parem de profanar o nome de Deus. Os obsessores só entram em mentes impuras, em casas sem orações. Nos lares onde a palavra de Deus entra como o pão de cada dia em seus habitantes esses irmãos infelizes não entram. Eles são barrados pelas correntes de Luz, que lhes causam choques.

Vi um dos grupos acompanhando uns rapazes que bebiam e se drogavam à vontade, eram filhos de milionários. Estranhei, pois só havia rapazes! E qual não foi meu susto? Eles se entregavam à orgia sexual em grupos sintonizados com os obsessores, que também se divertiam e se vingavam deles.

Descobrimos que naquela orgia havia homens casados e respeitados na sociedade como chefes de família. Naquele dia vimos que dois deles foram contaminados com HIV e em breve pelo menos duas mulheres inocentes seriam contaminadas: suas esposas.

Esse vírus, meus irmãos, foi desenvolvido na Terra com o auxílio de seres obsessores das esferas trevosas e sujas. Os cientistas quebram a cabeça em busca da cura, mas os irmãos inimigos da paz fazem de tudo para dificultar o trabalho deles. Vimos outras coisas ruins serem sopradas em direção à Terra por esses filhos errantes, que vivem como vampiros sugando a seiva da vida dos encarnados descuidados.

Seguidos pelos dois homens de Zayra, que não demonstravam emoção alguma diante dos quadros que assistíamos, seguimos adiante.

A praça ardia, o calor era insuportável, o cheiro dava náuseas. Homens e mulheres se amontoavam por toda parte.

Ouvimos alguém gritando do outro lado da praça: era uma moça frágil. Zayra, com um chicote na mão, açoitava-a, e gritando lhe dizia:

— Anda logo, segue com as outras! O que está pensando? Acompanhe as outras imediatamente, e se não voltar com tudo o que precisamos, vai ser jogada na cela dos bacanas! Você é quem sabe o que é melhor! Não está aqui por engano, não é mesmo, boneca? Então, trate de trabalhar! Faça sua parte.

Observamos aquela figura autoritária que era temida por todos os habitantes daquela região. Começavam a chegar homens e mulheres que despejavam toda sorte de oferendas aos pés de Zayra, que parecia satisfeita. Cada grupo trazia algo e lhe entregava com todo respeito; ela retribuía com um sorriso.

Olhamos para o instrutor, que calmamente nos disse:

— Aqui todos trabalham, plasmando no mundo da matéria tudo o que necessitam. Por isso, quem está sintonizado com esses seres nada consegue juntar para si, tudo o que ganham perdem.

A moça juntou-se a outras meninas e aproximaram-se de alguns homens que bebiam e jogavam. O jogo foi interrompido, e um deles, que parecia ser o líder, olhando para as meninas, disse maliciosamente:

— Hum! Gente nova no pedaço. Vem cá, coração, mostre-me o que você sabe fazer.

Em instantes, a garota estava completamente sintonizada com ele na maldade. Abaixei a cabeça, senti pena daquela menina. Logo seguiram rumo à Terra, atingindo o mental de alguns encarnados.

Entraram em uma escola para se aproveitar das mentes vazias de jovens sem educação religiosa. Uma vez ligados a eles, incentivaram o sexo, para em seguida incentivar alguns jovens, meninos e meninas, a experimentar drogas. Eles comemoravam uma vitória, o chefe deles ria e se gabava:

— Agora me vingo daquela hipócrita que não me pagou o trabalho que fiz para ela!

Aproximou-se de uma mocinha que acompanhava outros jovens em caminhos errantes. Ela era filha de uma mulher que frequentou um desses "centros" assistidos por espíritos infelizes para pedir o pai de sua filha para si. O homem era casado e tinha filhos, mas a mulher o queria de qualquer jeito e prometeu oferendas a ele. Mas, assim que ela conseguiu o que queria, não voltou para pagar o que devia. Agora ele se vingava, usando sua filha, depois de quinze anos.

A sede de vingança deles é muito grande, vocês não imaginam! Eles prejudicam inocentes para se vingar daqueles que, por ignorância, em momentos de fraqueza, em vez de buscar Deus como sustento, saíram correndo atrás de ódio e vingança. Estes são prontamente atendidos, porém, ficam endividados com eles. A falta de fé e educação religiosa leva qualquer um às trevas.

Aqui, chamamos a atenção de médiuns e dirigentes de centros espíritas: um Centro Espírita é como o alicerce de uma casa. Se não estiver firme e bem seguro, a estrutura cai por terra. Toda obra malfeita não tem sustentação. O Centro Espírita deve ser firmado no coração de Jesus e coberto com a Luz de seus mensageiros.

Seguimos em frente, paramos diante de dois currais, um de frente para o outro, cercados de ferro e sem cobertura. Um deles lotado de homens, o outro, lotado de mulheres, todos estavam despidos. Os homens se comportavam como verdadeiros animais – estavam excitados e gritavam palavras de baixo calão. As mulheres os provocavam com gestos indecorosos. Abaixei a cabeça, nunca imaginei assistir a uma cena como aquela. Sabia que estava ali para entender todo tipo de sofrimento, mas estava sendo difícil.

Pensei, orando: "Meu Deus, será que eles não estão nos vendo?".

Nosso instrutor respondeu:

— Eles não nos veem! Todas essas imagens refletidas em sua mente são as passagens da violência com que se envolveram na Terra.

Lembrei-me da ameaça de Zayra contra a mocinha: ou ela se juntava as outras ou seria jogada no meio daqueles homens violentos, furiosos, enlouquecidos.

Aqueles homens acostumados ao vício da bebida e das drogas sentiam na carne a mesma necessidade que sentem os desencarnados, pois continuavam ligados ao crime.

Fiquei olhando para aquele quadro doloroso ali na minha frente e pensando: "Ah! Se o encarnado levasse a vida da matéria mais a sério! Nada disso aconteceria. E por que Deus permitia a existência de pessoas como Zayra?".

Nosso instrutor respondeu-me:

— Minha filha, o que seria dos filhos de Deus que se encontram aqui deste lado da vida se não existissem irmãs como Zayra? Ela impõe respeito, disciplina e obediência entre eles. Aqui ela desempenha um papel muito importante na vida deles. Por meio da disciplina aplicada com sofrimento, aos poucos eles vão se cansando da maldade e se aproximando de Deus. Não coloque em dúvida a sabedoria divina, minha querida, tudo o que Ele permite é para nosso bem.

Seguimos adiante. Como sempre, nossos acompanhantes pareciam indiferentes à nossa presença. Apenas abriam o caminho para que passássemos – eles eram temidos.

Notei que nenhum irmão trevoso saía da colônia. Eles eram arrastados pelos encarnados com a força de maus pensamentos.

Ouvimos um choro vindo de um canto escuro e fomos até lá. Encolhidas, com as mãos abraçando os joelhos e de cabeça baixa, encontramos algumas meninas; elas choravam e soluçavam. Ofegantes, cansadas, estavam machucadas e sangravam, seus corpos estavam marcados com cicatrizes de pancadas.

Nossos acompanhantes, de braços cruzados, ficaram do outro lado da rua escura, não interferindo em nada, pareciam robôs. Nosso instrutor nos pediu:

— Oremos, meus irmãos.

E, elevando as mãos para o céu, proferiu com todo o amor esta oração:

Meu Deus! Vós que sois todo poder e bondade tende de nós compaixão. Senhor, Vós que enviastes ao mundo o Vosso filho Jesus, quando os homens ardiam pela febre da paixão, tende de nós compaixão.

O sangue do Cordeiro lavou e curou nossas chagas, saciou nossa sede, alimentou nossa alma; fortalecei-nos, Senhor.

Tende de nós compaixão.

Dai-nos, Senhor Jesus, a sabedoria de servi-lo, ajudai os nossos irmãos a se levantarem para uma nova vida.

Ele ficou em silêncio com as mãos estendidas em direção às meninas. Estávamos de mãos dadas formando uma corrente, enviávamos energias positivas para o mental daquelas infelizes irmãzinhas.

Do coração de nosso instrutor saíam raios de luz de todas as cores, e começava a se formar um arco-íris em volta das garotas. Chegamos mais perto e notamos que elas não percebiam nossa presença. Oramos e pedimos a proteção aos socorristas. Só então vi que uma delas sentiu nossa presença.

Era uma mocinha que aparentava ter dezoito anos. Ajoelhou-se de mãos postas diante do nosso instrutor e pediu-lhe:

— Meu senhor, pelo Sagrado Coração de Jesus, eu lhe peço: tire-nos daqui, pelo amor de Deus! Tenha piedade de nós. Sabemos que não somos dignas de Deus, mas mesmo assim pedimos sua misericórdia – ela tremia enquanto as lágrimas desciam de seus olhos. – Senhor, eu me chamo Andreia. Sei que pequei muito, mas desejo melhorar! Por favor, dê-me uma chance!

Emocionados e com lágrimas nos olhos, continuávamos de mãos dadas orando, notamos que do coração de Andreia começavam a sair pequenos raios de luz. Era uma linda menina, loira, radiante, e transmitia as últimas imagens de sua vida carnal.

Havia desencarnado de uma overdose nessas orgias. Foi modelo, desfilava a moda e o luxo, usando seu corpo físico como troféu. Vestia-se para enlouquecer o mundo da moda, mas esqueceu-se de cobrir o espírito com luz.

Sua última encarnação passou rapidamente em sua mente, e nós pudemos acompanhar todo o trajeto. Em uma belíssima casa de praia, acompanhada por outros jovens e influenciada por irmãos obsessores, ela deixou o belo corpo de modelo na Terra, indo servir como escrava do desejo no Umbral.

Aquela menina fizera a primeira comunhão, fora uma criança tão meiga, todos que a conheceram em sua infância a adoravam.

"Por que Andreia entrou nesse mundo de violência?"

Mentalmente recebi a resposta do instrutor: "Foi o descuido da família. Os pais dela foram levados pela ganância do poder; viam em sua filha a máquina que lhes renderia uma fortuna. Seus pais largaram sua mãozinha no momento em que ela mais precisou deles. Sozinha, ela se perdeu na estrada da vida, caindo e se machucando, deixando para trás uma vida incompleta".

Nosso instrutor colocou a mão direita na cabeça de Andreia, que parecia estar mais calma e começava a respirar tranquila. Lembrava uma criança adormecendo. Seu rostinho lindo estava sereno, calmo.

Amparei-a em meus braços, enquanto fiquei observando seu belo rosto adormecido. Vi, então, uma luz brilhante que se formava ao nosso redor: uma mulher radiante envolta em um manto prateado emanava um perfume suave. Seu olhar era tão envolvente que nós choramos emocionados.

De suas mãos saía uma luz azulada que ia ao encontro das meninas. Reparamos que a luz formava um manto, envolvendo-as. Em seguida, baixaram várias senhoras luminosas; de braços abertos, vieram ajudar no transporte. Nós auxiliamos a colocar cada corpo adormecido nos braços daquelas senhoras iluminadas. Elas elevaram-se no ar, levando todas as garotas. Porém, a radiante Senhora de Luz permanecia entre nós.

Estávamos ajoelhados diante dela. Nosso instrutor, com as duas mãos abertas em sua direção, orou:

— Mãe misericordiosa, agradecemos em nome Deus por este momento inesquecível para todos nós.

Ela abraçou nosso instrutor e cada um de nós com a suavidade que somente os seres iluminados têm, e nos disse:

— Filhos do meu coração, eu vos abençoo em nome da mãe de Jesus. Vós, meus amados filhos, que viestes ajudar na colheita do Senhor. Lembrai-vos, meus amados, que entre os espinhos estão as flores. Apanhastes os frutos maduros para ofertá-los ao Pai, e que Ele vos alimente com o pão de Sua Luz. Vós auxiliastes a limpar o terreno para essas sementinhas voltarem a germinar e, amanhã, na Terra, terem sucesso em suas tarefas. Carinho e cuidados são necessários. Ide, meus amados filhos, que a paz do Senhor floresça sempre em vossos corações a Luz da Caridade.

Como uma erva perfumada, que no alvorecer emana para o céu sua essência como forma de agradecer ao Pai Celestial, ela foi se elevando até desaparecer, deixando seu delicado perfume entre nós. Nosso instrutor, com os olhos úmidos pelas lágrimas, disse:

— Filhos, o que vocês viram foi uma das muitas colaboradoras da mãe de Jesus Cristo. Elas resgatam os frutinhos quando estão amadurecidos e ajudam a preparar as sementes para um novo plantio.

Levantamos e saímos andando de mãos dadas. Em nosso coração, tínhamos a alegria de saber que Deus não abandona Seus filhos. Os frutos da colheita de Jesus nunca apodrecem, e quando amadurecem, uma mão iluminada os recolhe e os prepara para renascer.

Ao voltarmos ao abrigo, a irmã Ana veio ao nosso encontro sorrindo e falou:

— Já sei das boas novas! Hoje vocês auxiliaram na colheita! Como Deus é maravilhoso! Diariamente eu saio para ajudar na colheita desses frutinhos caídos por aí! – E acrescentou: – A irmã Lúcia passou por aqui antes de regressar à colônia. Ela e seus auxiliares vêm praticamente todos os dias buscar os irmãos que foram socorridos. Às vezes eu recolho alguns irmãos, trago para nossa casa, cuido até eles chegarem, esse é meu trabalho por aqui. Zayra sempre me avisa e me passa a lista dos recém-chegados e dos que estão prontos para deixar a colônia. Temos para amanhã uma previsão de muitos irmãos a serem transportados e de outros que estão a caminho. Zayra está tão ansiosa quanto eu.

Fiquei surpresa com a declaração da irmã Ana. Ela, ouvindo meus pensamentos, respondeu:

— O trabalho de Zayra é tão importante quanto o meu, minha filha! Em breve esse resistente fruto será transferido para uma terra mais fértil, onde será regado com muita luz e muito amor e certamente brotará forte como nunca. Seu lugar será ocupado por outro: é assim que acontece a sucessão. Já conheci várias moças que ocuparam o lugar dela e que hoje são árvores frondosas, fornecendo o fruto, a sombra e o abrigo para muitos filhos de Deus.

Após a higiene, fizemos uma refeição leve e nos reunimos para fazer nossas orações. Ouvimos todas as explicações espirituais passadas pela irmã Ana sobre aquela colônia.

Logo em seguida, nosso instrutor elucidou, passagem por passagem, todo o nosso trajeto, fazendo anotações e explicando alguns detalhes. Fizemos muitas perguntas sobre nossas dúvidas e ele respondeu a todas.

Pedi ao instrutor que nos explicasse melhor a relação entre o tempo espiritual e o tempo carnal, pois, quando acompanhamos o trajeto dos irmãos errantes naquela colônia, o espaço de tempo espiritual foi curto, mas vimos tantas coisas sendo feitas nesse mesmo período entre os encarnados!

— O tempo carnal naquela situação assemelha-se a um filme. Em poucos minutos vimos a trajetória de muitos dias na carne – esclareceu.

Naquela noite, repousamos tranquilamente na modesta e purificada casa espiritual assistida pela irmã Ana. Um exemplo de coragem e bondade naquele coração bondoso vivendo no meio dos espinhos, sempre sorrindo e agradecendo a Deus.

No dia seguinte nos preparamos para seguir viagem. Nosso instrutor nos convocou para agradecer pela hospitalidade e para nos despedir de Zayra. Nos entreolhamos e o seguimos sem falar nada.

Na entrada do chalé estavam os dois homens que faziam a guarda de Zayra. Educadamente nosso instrutor pediu para falar com sua chefe. Sem nada responder, um deles entrou na casa e retornou logo em seguida acompanhado pela moça.

Nosso instrutor humildemente estendeu a mão a ela e disse:

— Zayra, estamos aqui para agradecer pelas bênçãos que recebemos. Espero um dia poder retribuir a você e a todos os seus pelo que fizeram por nós – disse isso olhando para os dois homens.

Ela ficou parada fitando nosso instrutor como se não tivesse entendido suas palavras. Voltando a si, respondeu:

— Perdão, senhor, mas nada lhe fiz de bom, nada lhe ofereci... Também, pudera! O que pode alguém na minha situação oferecer para um ser de Luz como o senhor? – disse rindo.

— Você nos deu muitas coisas boas, Zayra – respondeu-lhe o mestre, que prosseguiu falando: – Você oferece a oportunidade de uma nova vida para seus irmãos, oferece aos cegos a luz, pois todos aqui aprendem. Você é a muleta para os aleijados começarem a andar e não é culpada, Zayra, pela estadia dos habitantes desta colônia! Você apenas cumpre sua missão, e eles recebem o que é justo. Você é apenas o chicote que açoita as ovelhas perdidas à procura do caminho para casa.

Vimos duas lágrimas rolarem pelo rosto de Zayra, que mordia os lábios, tentando segurar o pranto. Àquela altura, nós também chorávamos de emoção. Todos nós queríamos abraçar Zayra com muito amor.

— Até um dia, Zayra, que Deus esteja contigo.

Nosso instrutor abraçou-a, e saímos, deixando-a parada com as lágrimas rolando pela sua face.

Deixávamos aquele vale do pecado levando no coração grandes lições de aprendizado. De Zayra levamos uma boa lembrança, pois seu gesto humilde diante de nosso mestre nos deixou uma grande lição: não podemos julgar nosso próximo.

Antes de fazermos a curva na praça, olhei para trás: Zayra ainda estava no mesmo lugar. Pedi mentalmente a Jesus que a cobrisse de Luz. "Adeus, Zayra. Até um dia, se Deus quiser."

6.
Conselhos para a família

Relembrando cada passagem nos vales por onde passamos, dei vazão para as lágrimas, e meus pensamentos voavam longe. Um desejo imenso tomava conta de meu ser, eu me cobrava: "Preciso urgentemente fazer alguma coisa pelos nossos irmãos encarnados! Mas também pelos desencarnados!".

"Os presídios terrenos estão cada vez mais lotados" – é o que ouvimos de mães desesperadas e de alguns irmãos preocupados com os direitos humanos.

E o Umbral? Será que existem pessoas preocupadas com ele? Nossos microfones são os médiuns, então vamos gritar, puxar, beliscar, implorar para que eles nos ouçam e nos auxiliem!

Precisamos de ajuda, meus irmãos. Uma parte do mundo está com as costas viradas para Deus, e nós temos de reverter essa situação. Juntem-se aos seus familiares, orem mais, abram o Evangelho de Jesus em sua casa e estudem!

O amor de Nosso Senhor Jesus Cristo por seus filhos é imenso. Abram os corações e recebam-No de braços abertos. Convidem-No para entrar em sua casa e apresentem-No aos seus filhos, amigos e vizinhos.

No vale do pecado pude observar que a união entre um homem e uma mulher deve ser consciente, obedecendo às Leis que ensinam a semear na Terra fértil a Luz do amor, tornando fecunda a semente para novas vidas.

Os órgãos sexuais do homem e da mulher são veículos preparados por Deus para o transporte da vida e necessitam ser respeitados.

Não usem estimulantes, não bebam, não usem drogas buscando saída para um caminho que somente Deus pode abrir: o caminho da vida. Apenas usem como estimulante o amor de seu coração para trilhar seu caminho em segurança.

Valorizem a bênção do casamento, pois é a sustentação da família. Honrem e respeitem seus cônjuges. A fidelidade no casamento é fundamental, pois livra de doenças incuráveis e transmissíveis pelo sexo com parceiros contaminados na matéria e no espírito. O sexo deve ser um ato de amor que traz prazer e alegrias espirituais para os casais sintonizados em Cristo. Não deixe que a paixão da carne queime a suavidade do sublime amor que deve ser preservado em todos os casais.

Seguindo os mandamentos de Deus, todos os casais podem gerar filhos saudáveis, inteligentes e espiritualmente preparados pelas Leis do Amor Divino. Esses espíritos se preparam nas universidades espirituais para voltar fortalecidos e conscientes de sua missão na Terra.

Somente uma família evangelizada em Cristo poderá construir um lar seguro e feliz. Crianças geradas na ignorância e na maldade, o que poderão vir a ser? Frutos de uma semente defeituosa!

Por isso é muito importante que os casais frequentadores de uma casa espírita se reúnam no mínimo duas vezes por ano para receber de seis a oito horas de aulas instrutivas proferidas por mentores espirituais especializados em família.

Os conselhos dos pais, que amamos e confiamos, são como bálsamo em nossas feridas. Formem grupos de casais espíritas, convidem amigos e promovam encontros familiares. Formem grupos de jovens e de crianças, incentivem o estudo do Evangelho de Jesus, mostrem a eles quantas maravilhas podemos descobrir nos caminhos desse Mestre.

Não escondam de seus filhos os perigos que eles vão enfrentar no decorrer da vida. Ensinem a eles como vencer os obstáculos encontrados no caminho. Vemos muitos pais protegendo demais seus filhos, resolvendo os problemas deles, e quando eles têm de enfrentar um pequeno obstáculo, não sabem como agir.

Não é escondendo dos filhos a verdade, e sim mostrando-a, que eles são preparados para a vida. Preparem seus filhos apenas para o mundo, se você acredita que vida deles termina aí no mundo! Mas, se você acredita que a passagem deles pelo mundo é apenas uma caminhada, os preparem para Deus!

Eu lhes asseguro que o mundo é apenas um breve estágio do espírito na carne.

7.
Assistindo ao desencarne

Seguíamos por estradas estreitas, escuras e tenebrosas. Encontrávamos, de em vez quando, legiões de irmãos trevosos que passavam por nós sem nos perceber.

Nosso instrutor, sempre pedindo muita calma e pensamento positivo, nos animava a seguir, pois iríamos penetrar um local que requeria toda concentração e positividade possíveis.

Entramos em uma estrada cheia de curvas e elevações. O ar era úmido. Notei uma vegetação com árvores repletas de espinhos. Era uma espécie de cacto. Avistei algumas aves negras com plumagem embebida em sangue; debatiam-se, presas aos espinhos dessas estranhas árvores. Fiquei em silêncio, observando sem entender o que se passava.

O ar cheirava a ferro queimado. Andamos durante um bom tempo nessa paisagem deprimente. Deparamos com uma cena e logo entendemos o porquê de nosso instrutor ter pedido tanta calma ao grupo.

Nosso carro parou e ficamos olhando do alto a gigantesca planície que se formava lá embaixo. Se aquela estrada terminava ali, não pude avaliar cem por cento, mas pude observar que estávamos a milhares de metros de altura.

Avistávamos apenas a gigante planície coberta de uma massa escura. Nosso instrutor disse-nos para orar e aguardar. Vi que alguns dos companheiros estavam contrariados.

Eu fechei os olhos e, de mãos dadas com Marieta, pedi a Deus que nos protegesse. Passaram-se uns minutos e ouvimos um tropel de cavalos. A poeira avermelhada encobria a triste paisagem.

Aproximou-se um batalhão de guardas – eram muitos homens. Na frente, um deles fazia sinal para nos manter parados. Por baixo do capacete, viam-se apenas seus olhos negros que brilhavam como duas estrelas. Ele pediu a licença que nos autorizava a entrada em sua colônia. Nosso instrutor lhe passou. O guarda examinou e balançou a cabeça afirmativamente.

Fomos convidados a segui-lo. Andamos por mais ou menos cem metros quando ele apertou o botão de um pequeno aparelho que levava consigo. Então, vimos uma imensa porta se abrir no paredão da montanha.

Como uma mágica, a parte de trás do paredão parecia outro mundo: a terra da cor natural, as plantas verdes e brilhantes, uma cascata natural de água pura e cristalina. O sol banhava a planície, o céu estava azul, com algumas nuvens brancas que se locomoviam lentamente. Havia muitas borboletas coloridas, e flores perfumadas nasciam aqui e ali. Fiquei encantada com a vida por trás daquele paredão.

Havia muitos pássaros voando e cantando livremente – eu nunca tinha visto pássaros em tantas cores variadas antes, eram raridades. Eles vinham pousar na palma da mão do nosso acompanhante, que carinhosamente brincava com eles enquanto andávamos. Chegamos a uma construção aconchegante. Havia soldados por toda parte.

Fomos convidados a entrar em uma sala confortável e decorada com bom gosto. O guarda arrancou o capacete, e pude constatar que era quase um garoto! Na aparência terrena ele não tinha mais de vinte anos. Lembrei-me dos ensinamentos de nossos mestres: "A aparência de um espírito não é prova de sua capacidade de trabalho".

Os cabelos negros emolduravam um rosto sério, que transmitia simpatia e confiança. Os olhos negros e profundos mostravam uma personalidade firme e decidida.

Em um painel iluminado, ele nos mostrou todos os pontos estratégicos de seu exército. Fiquei boquiaberta com suas explicações. Mostrou-nos toda a extensão do Umbral e sua posição em relação à Terra, e pude constatar que sua formação é bem diferente: o planeta Terra é perfumado, lindo e iluminado; o Umbral é triste e escuro, inspira medo e desânimo.

Ninguém é levado até o Umbral por engano, pois todos os seus habitantes estão cumprindo sua sentença pelos delitos cometidos contra o Criador da humanidade: Deus.

Todos os prisioneiros um dia são libertados. As penas não são estipuladas por juízes, é o próprio réu quem faz sua sentença. A liberdade de todos é o encontro consigo mesmo, é o descobrimento da sua origem e da bondade de Deus.

Dirigindo a palestra que prendia nossa atenção, ele nos disse:

— Do fundo das trevas, explodem diariamente, como um vulcão adormecido, centenas de almas cobertas de luzes e dispostas a colaborar com o trabalho da restruturação divina.

Mostrava o trabalho de seus homens protegendo o planeta, as águas, o ar, as florestas e a vida.

— Aqueles homens não param um segundo sequer, dia e noite trabalhando em prol do bem. E fazem tudo isso por amor.

Ficamos recebendo instruções do mentor líder daquela colônia por três horas. Eu estava encantada e agradecida pelas lições que ele nos dava. Como Deus é fantástico! Coloca tanta sabedoria nas mãos de um anjo.

Ele informou que nosso carro estava guardado em segurança, e que deveríamos descansar para descer ao Umbral no dia seguinte.

Senti um frio na espinha. No aconchego daquela sala asseada, com as janelas abertas, respirando o ar puro e perfumado ao lado dos mestres, senti-me tão segura que esqueci as tristes paisagens deixadas para trás.

Eu fiquei com vontade de perguntar a ele o porquê daqueles pássaros presos sagrando nos espinhos que tanto me impressionou, mas senti receio de estar incomodando uma personalidade tão ocupada.

Como se lesse meus pensamentos, ele respondeu:

— Nunca haverá atraso na vida de um homem quando ele prepara seu próprio caminho. Ensinar, esclarecer e ajudar, esse foi o caminho que escolhi para mim, é por isso que estou aqui.

Fiquei corada diante de palavras tão nobres, e fiz minha pergunta.

— Fiquei atenta às suas explicações. Vocês deixaram para trás um quadro vivo, que mostra e representa o significado da vida e do livre-arbítrio. Se me permite, ainda estou curiosa sobre os pássaros presos naqueles espinhos. Que lições tirar daquele quadro?

— Aqueles pássaros feridos – orientou o mentor – tentaram alcançar voos altos e acabaram caindo e se machucando, ficando presos nos espinhos. Assim são os homens quando, presos na carne, ultrapassam os limites concedidos por Deus e acabam caindo em suas próprias armadilhas.

"Tentam voar além de sua capacidade, se machucam e sofrem as consequências de suas imprudências. A vida na carne é uma prisão, em que cada um deve se comportar e obedecer às regras escritas por Deus.

"Bem-aventurados todos aqueles que conhecem suas limitações e aproveitam seu tempo trabalhando e tecendo trilhas que os levarão à liberdade total."

Aproveitei e fiz outra pergunta:

— Senhor, este exército é formado apenas por homens?

— Sim, nosso exército é composto apenas por homens. Mas temos outros exércitos que são comandados apenas por mulheres. A chefe desses exércitos é a gloriosa mãe de Jesus, Maria Santíssima. Pelo perfil que as mulheres trazem em sua formação espiritual, elas ficam com o trabalho mais delicado. É uma atividade árdua que requer a sensibilidade da essência materna. As filhas de Maria Santíssima são as guerreiras a quem Jesus Cristo concede plenos poderes em nome de Sua Santa Mãe.

Após a palestra, que foi de um aprendizado maravilhoso, ele nos deixou aos cuidados de um simpático jovem. Fomos levados aos nossos aposentos. Eu e minha companheira de quarto ficamos observando toda organização e limpeza do dormitório.

Falamos quase ao mesmo tempo: "Eles fazem tudo por aqui!". E rimos de nossos pensamentos tão bem sintonizados.

Descansávamos um pouco. O sol já baixava no horizonte quando ouvimos passos no corredor e, em seguida, pancadas leves na porta. Abri e vi um jovem que nos pediu para acompanhá-lo.

Seguimos o jovem. Nosso instrutor havia reunido o grupo. Ao chegar, aguardamos do lado de fora os segmentos vindouros até nos convidarem a entrar em uma sala em formato de coração.

Uma música suave comovia a todos. De mãos dadas, formamos uma corrente e oramos em silêncio. Minutos depois, o mentor da colônia transmitiu para todos uma belíssima mensagem recebida de uma colônia próxima, onde alguns mestres preparavam novos grupos de trabalhadores.

"Como ele obtinha tantas informações?", eu me perguntava, enquanto ouvia suas palavras.

Depois de transmitir muitas instruções, agradeceu a todos pelo dia de trabalho. Fiquei emocionada de ver a maneira respeitável e carinhosa com que ele tratava cada um de seus colaboradores.

Havia uma compreensão, uma união, uma paz tão grande entre eles que desejei que todos os trabalhadores da Terra pudessem aprender com aqueles irmãos o que é trabalho em equipe. A humildade e a dignidade daqueles elementos da Luz são dignas de todo o respeito.

Todos participam, todos fazem as mesmas tarefas, e um não desfaz do trabalho do outro. O mais experiente ensina o novato, e não existe vaidade entre eles. O mentor prepara a alimentação e limpa o prédio caso haja necessidade, e isso é considerado normal entre eles.

Após a brilhante palestra, fomos levados a visitar alguns lugares considerados sagrados para eles. Fiquei boquiaberta com a nova descoberta: um observatório bem equipado de alta tecnologia. As pessoas na Terra nem imaginam a grandiosidade desses equipamentos.

O observatório é um enorme globo, como uma gigante bola de cristal. O mentor nos convidou a sentar: havia muitos assentos lapidados em cristal com almofadas macias.

O mentor explicou que o cristal captava energias positivas, armazenava e alimentava uma fonte de forças necessárias para a colônia. Ele foi apertando alguns botões e, lentamente, cada um de nós estava sendo movimentado pela energia daquele observatório de Luz.

O instrutor pediu para que observássemos tudo o que ele iria mostrar, e, caso alguém tivesse alguma dúvida, que apertasse o botão vermelho à esquerda, pois ele retomaria o assunto e explicaria novamente.

Mostrou-nos o primeiro bloco. O céu estava límpido e estrelado. No segundo bloco vimos uma área desabitada, havia apenas água, vegetação e animais. E fomos acompanhando bloco por bloco. Não posso revelar tudo o que vi, mas verdadeiramente Deus é o Criador de mundos cheios de vidas.

Conforme via as imagens, lembrava-me do Umbral. Considerei, mais consciente do que nunca, que a Terra e o Umbral, de fato, são zonas para onde muitos espíritos vão para se reajustar.

Se, preso em um corpo físico, o homem devedor age impensadamente, imagine se estivesse livre!

Deus! Vendo o mundo daqui de cima, percebo que temos do que lamentar entre nossos irmãos encarnados! O planeta Terra é uma das mil maravilhas de Deus, mas nem sempre as pessoas se dão conta disso.

O mentor mostrou o trabalho de seus homens, e agora eu entendia por que ele sabia tudo a respeito deles, onde estavam e o que faziam. Claro, havia um observatório de cristal!

Já imaginou se um instrumento desses cai nas mãos dos filhos da Terra impulsionados pela vaidade? Deus é realmente um Pai muito sábio por ainda não permitir um desses no planeta Terra.

Do reservatório pudemos apreciar vários pontos do universo, lugares divinos que o homem nem sonha que possam existir. Também vimos almas e mais almas entrando e saindo de milhares de colônias espalhadas nos arredores do Umbral. Depois pude ver as sete dimensões que se intercalam, uma sobre a outra, e constatei que existem, acima delas, mais outras, porém estávamos autorizados a conhecer somente até a sétima dimensão. Um espetáculo que nos faz viajar com os pensamentos e admirar as Obras de Deus é algo divino.

Eram muitas colônias de Luz espalhadas pelo infinito, governadas por mestres que já cumpriram suas metas nos planos abaixo. De tempos em tempos existem, digamos assim, promoções; muitos espíritos são promovidos e ocupam cargos mais elevados nos planos espirituais.

Maravilhados e esperançosos, ouvimos as instruções daquele mestre de Luz que nos elucidava cada detalhe. Ele confirmou uma frase muita falada entre o povo na Terra: "O diabo de ontem poderá ser o anjo de amanhã". Deus nos criou para a Luz – mais cedo ou mais tarde, todos se voltam para ela.

O mestre nos chamou a atenção, alertando que entraríamos na crosta terrena. Esta parecia ser uma estação movimentada. Veículos chegavam trazendo milhares de espíritos escoltados por mentores, todos eles protegidos por uma membrana azulada.

O mentor nos explicou que aquela membrana equivalia a uma embalagem, e que aqueles irmãos iam reencarnar.

Observamos que todos eles foram entregues a novos mentores, que os transportavam para a Terra. Era o momento do nascimento carnal. Em seguida, vimos hospitais e maternidades.

O espírito encarregado da entrega ficava ao lado, aguardando o corte do cordão umbilical e dando apoio e amparo ao espírito que iria assumir um novo corpo na Terra. Quando o cordão umbilical era cortado, eles sopravam a vida para o corpinho do recém-nascido, que, ao sentir o toque do médico ou da parteira carnal, dava seu primeiro grito ou choro na Terra.

Apesar de já conhecer a família, o novo corpo que vai receber – pois o espírito acompanha toda a gestação, e muitas vezes ajuda seus futuros pais a se adaptar à nova vida –, sente medo, fica ansioso, tenso. Reassumir um novo corpo na Terra é mais preocupante para o espírito do que quando ele deixa o corpo físico na passagem de sua morte.

Para os espíritos ajustados com Deus, a morte do corpo físico significa voltar para a vida. É o regresso ao lar, depois de uma jornada cansativa que uma encarnação sempre é.

O espírito preparado, incorporado ao novo corpo, deixa para trás as lembranças da sua vida espiritual na colônia em que esteve, guardando vagas recordações em estado de vigília, mas, quando adormece, se transporta ao seu lar, frequenta escolas, visita amigos etc.

Ainda na crosta terrestre, os mesmos trabalhadores que levaram novos candidatos à vida voltaram com seus veículos lotados de passageiros. Eram os irmãos desencarnados. Alguns veículos trouxeram irmãos completamente conscientes, conversando entre si, alguns deles ansiosos para reencontrar a família, outros em uma euforia só, pois voltavam para os seus...

Pude ver que aquele era o carro da alegria. O desembarque era uma festa! Abraços, assobios, gritos de boas-vindas, era um clima de festa.

Outros carros trouxeram irmãos completamente adormecidos, assistidos por médicos e enfermeiros, que eram colocados em macas e entregues a equipes de socorro. O desembarque deles era um corre-corre.

Vimos alguns veículos trazendo homens e mulheres algemados e escoltados por soldados. Reconheci a divisa dos militares da legião de uma das zonas que passamos anteriormente. Percebi, também na baldeação de passageiros, que os militares que conduziam os prisioneiros eram da legião do nosso instrutor em questão. Fiquei bastante atenta à movimentação deles. Então, é assim que funciona: uns trabalham da Terra para a crosta, outros, da crosta até a Terra.

Veículos transportavam irmãos completamente loucos, outros lotados de irmãos que praguejavam, por estarem dividindo o veículo com mendigos. Juravam que assim que retornassem para suas funções mandariam prender e matar todos aqueles soldados incompetentes. Gritavam seus nomes e cargos, chamavam pelos seus seguranças. Coitados, ainda estavam vivendo na ilusão da carne. Os soldados, serenos e tranquilos, não davam a menor importância aos seus gritos.

Eram veículos com idosos, outros com crianças, alguns lotados de jovens. Deus, quanto trabalho desses irmãos trabalhadores!

Ali o tempo não parava, a vida era uma constância. Aqueles irmãos trabalhavam em ritmo alucinante, e todos pareciam satisfeitos.

Eles trocavam de função, mas nunca paravam, não tinham descanso, férias ou folga. Aproveitavam o tempo entre um trabalho e outro, e ainda atendiam às necessidades de filhos encarnados. É maravilhoso o processo da vida.

Nosso instrutor acionou o botão, logo o mentor parou e bondosamente perguntou:

— Sim, irmão, em que posso ajudá-lo?

— Por favor, irmão, se for possível, eu gostaria que o grupo acompanhasse um desencarne e um embarque na Terra com mais detalhes.

— Pois não, vamos assistir.

Ele localizou um ponto que vimos se tratar de um hospital.

— Esse irmão está desencarnando neste exato momento!

Era um senhor ainda jovem. Abriu os olhos e viu dois médicos e mais alguns auxiliares que lhe falavam para ter calma.

— Estamos aqui para libertar você, meu filho. Fique calmo, feche os olhos e pense em Deus. Não vai doer nem demorar!

O senhor obedeceu, e o médico começou o trabalho de desligamento. Ele abriu os olhos e, espantado, via o corpo no leito sem vida e um outro corpo espiritual idêntico mas saudável. Apalpou-se e pensou: "Meu Deus, a gente tem cada sonho! Como posso ter dois corpos?". Sorrindo, tentou andar, e, então, percebeu que estava preso por um fio luminoso.

Os simpáticos médicos riam bondosamente, e um deles, jovem e brincalhão, começou a cantar:

— Ah! Se todos fossem iguais a você... Damião, meu caro amigo, você não precisa fazer nada a não ser ficar tranquilo. Lembra-se de quando cortaram seu cordão umbilical em carne? Doeu? Claro que não doeu, não foi mesmo, Damião? Você não se lembra? Vamos, fique parado e colabore conosco.

O homem, meio confuso, sem saber se era sonho ou realidade, sentiu um choque na região umbilical. Ainda assustado, olhava para os dois corpos, apalpava-se, e não acreditava no que via!

Uma linda moça entrou no quarto estendendo-lhe as mãos, sorrindo para ele.

— Oh! Meu querido, que alegria!

Por uns instantes, ele ficou parado olhando para a moça, tentando se lembrar de onde a conhecia. O bondoso e simpático médico lhe disse:

— Vamos lá, Damião! Vai ficar aí parado, fazendo a dama esperar? Vamos lá, meu rapaz!

De repente ele deu um grito de alegria:

— Minha mãe! Minha mãe! – agarrou-se a ela chorando de emoção.

A linda moça vestida de azul, com cabelos longos e um rosto angelical, o abraçou dizendo:

— Que alegria, meu amado. Você conseguiu cumprir suas tarefas.

Agradeceu aos médicos, que desejaram felicidades a eles e se retiraram. A moça pegou-lhe a mão e, sorrindo, disse:

— Vamos agradecer pelo corpo que tanto o ajudou na Terra. Vamos fazer uma oração por ele e por todos os que vão chorar em volta dele.

Ajoelharam-se. De mãos dadas, ela recitava, e ele repetia, as seguintes palavras:

Meu Pai Celestial, eu agradeço a confiança que depositaste em mim, um pobre e humilde ser nascido neste corpo protegido por esta pele negra, pelo qual fui perseguido e maltratado por tantos preconceitos humanos.

Agradeço, Pai Eterno, por este corpo que tanto me serviu nesta tarefa que se findou, entrego à mãe Terra, de todo o meu coração, o que dele restou. Faça dele, Senhor, a Vossa Vontade e não a minha.

Dai, Pai de misericórdia, o consolo para todos aqueles que ficam, que são meus entes amados e amigos, que chorarão a falta de meu corpo físico.

Ajudai, Senhor Deus, todos eles, a fim de terem a certeza de que não me perderam!

Damião chorava, olhava para seu corpo tão debilitado pela doença enquanto se sentia tão bem naquele outro corpo.

Damião acrescentou por si mesmo:

Pai de eterna bondade, eu agradeço aos mentores de luz por tudo o que eles fizeram por mim nesta vida. Agradeço ao Divino Espírito Santo pela presença de minha mãe na hora da separação deste meu frágil corpo. Aqui deixo a matéria, ela pertence à mãe Terra, e busco minha verdadeira morada: o mundo dos espíritos.

Ajudado pela mãe, ele foi levado até o local de embarque. Ela o acompanhou até o outro veículo recomendando aos responsáveis pelo transporte que o deixassem no abrigo "Lírios da Paz".

Beijou o filho, que chorava emocionado, e prometeu:

— Em breve vou visitá-lo, meu amado. Siga com Deus, você será levado ao seu novo lar e terá uma surpresa maravilhosa quando desembarcar! – do lado de fora, acenava para ele.

Damião sentou-se junto a outro senhor que, suando, esfregava as mãos e demonstrava que estava aflito e ansioso.

— Amigo, não vejo a hora de me encontrar com Tereza. Depois de tanto tempo longe dela, estou agora retornando para casa. É por isso que estou nessa tremedeira toda – disse o homem. – E você, meu amigo, vai ao encontro de alguém?

— Eu? Sinceramente, enquanto estava encarnado, dediquei-me completamente ao trabalho de caridade. Minha família eram os irmãos de quem eu cuidava. Não tenho a menor ideia se há alguém à minha espera por estes lados.

Depois de umas horas de viagem, o veículo parou em frente a um grande portão em forma de arco em que estava escrito, em luzes coloridas, o nome: "Lírios da Paz".

O jardim estava repleto de flores perfumadas, uma música suave enchia o ar, e muitas pessoas alegres e felizes correram para recebê-los.

Era emocionante o reencontro daqueles irmãos depois de um período de separação. Eram mães com filhos, esposas com maridos, irmãos com irmãos, amigos com amigos.

Damião retardou a descida, como se temesse não encontrar um conhecido. Não fazia a menor ideia de quem o esperava, pois como espírito lembrou-se apenas de sua mãe, mas ela não estava perto dele para lhe dar apoio.

Ao descer do carro, ainda tímido, foi recebido com uma explosão de palmas, gritos e assobios. Alguns jovens levantaram-no no ar. Levaram-no nos braços cantando o hino maravilhoso que ele gostava de cantar em seus encontros espirituais.

No centro do jardim havia uma cadeira branca enfeitada com flores e ervas perfumadas, rodeada de centenas de irmãos. Damião chorou de emoção ao reconhecer muitos amigos e parentes entre eles.

A multidão abriu passagem e vimos uma linda senhora loira, de olhos azuis, com os cabelos presos no alto da cabeça, de vestido branco que lhe descia até os pés, aproximar-se dele trazendo um casal de crianças loirinhas. Damião levantou-se com os olhos cheios de lágrimas. Com a voz embargada pela emoção, mal pôde falar:

— Isaura, minha querida esposa! Meus filhinhos amados!

Abraçou-se aos três chorando enquanto a multidão aplaudia. Damião lembrava-se de que fora um negro perseguido na Terra e que havia sofrido tantos preconceitos! Daquele corpo deixado na Terra nada restava no novo corpo de Damião – ele readquiriu seu corpo e sua visão espirituais.

"Que espetáculo!", pensei. "Como seria maravilhoso se todos desencarnassem assim." Tão humilde foi o negro Damião na Terra, mal tinha o suficiente para viver.

Nada tinha de luxo, mas ali no abrigo "Lírios da Paz" uma felicidade muito grande o aguardava, pois era um respeitável líder!

Damião nos deu um maravilhoso exemplo.

Em seguida, vimos o desencarne de um milionário. Em uma suíte, cercado de médicos e seguranças particulares, lutava para não morrer. A morte venceu a luta! Ele deu seu último suspiro de vida. Uma equipe médica usava todos os recursos que os aparelhos terrenos podem oferecer para segurar o espírito na carne, porém o tempo daquele senhor de fato acabou. O chefe da equipe puxou a máscara, arrancou as luvas e disse para o grupo:

— Infelizmente, nada mais podemos fazer por ele. Está morto.

Todos os médicos arrancaram suas máscaras e tentaram relaxar um pouco para decidir como dar a notícia para a família. O chefe da equipe mentalmente já preparava as respostas para sua entrevista. A morte daquele homem teria uma boa repercussão em sua carreira.

Pediu para sua equipe manter sigilo, pois ele mesmo daria a notícia à família, que decidiria como anunciar ao público a morte do político.

Enquanto os encarnados decidiam como dar a notícia da morte do fulano, este se debatia no corpo. Gritava pelos seus seguranças, ralhava com a esposa, jurava que acabaria com todos que não o obedeciam.

Olhei à sua volta, vi alguns médicos com seus auxiliares tentando acalmá-lo, mas ele não aceitava que lhe encostassem um dedo. E ficou nessa luta até o momento de ir para o caixão. Gritava que ninguém iria tirá-lo de seu corpo.

Vi três homens entrando com nossos conhecidos aparelhos que descarregam as energias carnais e recarregam a energia espiritual. Eles aproximaram-se do irmão desencarnado. Um deles bondosamente se apresentou:

— Sou o doutor Pedro e estou aqui para ajudá-lo a se libertar do corpo material. A única coisa que precisamos é que o senhor fique calmo e confie em nosso trabalho. Colabore conosco pensando em Deus.

O arrogante irmão levantou a mão com violência, quase acertando o médico. O assistente aplicou-lhe um choque que o fez gritar e voltar para o caixão. O médico ainda chamou a atenção de seu assistente:

— Artur, não precisava disso!

O senhor gritava:

— Experimente pôr sua mão nojenta em cima de mim, seu cretino! Vocês parecem formigas, vivem se metendo em tudo! Desapareçam daqui imediatamente, ou mando liquidá-los! Saiam daqui! Vocês sabem com quem estão falando? Eu sou "fulano de tal"!

No velório, ninguém rezava. Alguns faziam o sinal da cruz ao se aproximar do caixão, mas sentimento sincero mesmo não existia. Todos pensavam quanto lucrariam com o morto.

Quando chegou o momento do enterro, nossos irmãos respeitaram o livre-arbítrio do irmão. Ele tinha o direito de não querer receber ajuda, apenas não podia fugir da prisão.

Antes de enterrarem o corpo, dois policiais espirituais cortaram seu cordão umbilical, que estava negro, e o arrastaram sob protesto. Algemaram-no, e ele ficou possesso, indignado. Gritava a plenos pulmões:

— Onde já se viu um homem em minha posição sendo ultrajado desse jeito!

Com os olhos faiscando de ódio, falou aos policiais:

— Vocês vão se arrepender, seus fedelhos! Os dois não passam de dois frangotes metidos a valentes! Vocês vão se ver comigo!

Os policiais o empurravam para fora do cemitério sem tocar nele[1]. Eles estavam sérios e serenos ao mesmo tempo, e andavam tranquilamente desviando da multidão.

Um veículo esperava por eles em frente ao cemitério – já havia uns cinquenta prisioneiros no carro. Cada assento desse veículo tinha um cinto de segurança e uma película clara que envolvia o prisioneiro, impossibilitando-o de maltratar ou atrapalhar os demais.

Depois de o colocarem no veículo e o acomodarem em seu assento, eles pegaram mais três prisioneiros: um dentro de um "centro espírita", e dois em uma casa de família.

Desembarcaram na estação da crosta terrestre, e logo todos foram colocados no veículo que os levaria a seus destinos. Os militares retornaram à Terra, e os outros seguiram viagem com um destino: o Umbral.

---

[1] Os espíritos empurram, amarram, soltam, falam, ouvem apenas com a energia mental. Ou seja, o prisioneiro foi empurrado por eles sem que o tocassem.

O carro estava dando entrada na planície que ainda iríamos visitar. O mentor, então, parou nesse ponto e, olhando para nosso instrutor, falou:

— Deixemos que cada um veja com os próprios olhos como será sua estadia daqui para a frente.

O instrutor convidou nosso mestre para conhecer um setor e ver como é realizado o preparo dos médicos que fazem o parto espiritual – afinal, a morte física é um parto espiritual – e o que eles fazem com o cordão umbilical dos mortos. O instrutor nos deixou à vontade, dizendo:

— Observem o planeta Terra, creio que todos vocês desejam ver algum ponto em especial. Analisem essa obra de Deus e tirem suas próprias conclusões.

8.
Assistindo à vida na Terra

Tomamos nossos lugares. Aumentei a luz do visor e fui acompanhando a movimentação do planeta Terra. As matas com toda sua riqueza, proporcionando a sustentação da vida. Observei o processo de fotossíntese e o oxigênio sendo liberado pelas plantas – quanta sabedoria Divina!

Abençoada mãe Terra, berço de Jesus Cristo, tu és linda, divina e encantadora! Ainda observava as matas e seus habitantes quando vi um belíssimo espetáculo: o nascimento de uma flor! Chorei de emoção! Nunca paramos para pensar que a flor também nasce, não é mesmo? Pois é verdade, elas nascem.

Virei o controle e vi o mar, quantas maravilhas! Uma riqueza imensa sustentando o planeta. Peixes grandes e pequenos dividindo a mesma casa. Eu ria vendo lindos peixinhos brincando como crianças no fundo do mar. Comecei a constatar que o amor de Deus se estende por toda parte.

E as mães? Nas matas e nos mares o instinto materno fala mais alto. Um peixe caçador apareceu, e a mamãe peixe correu para proteger seus filhinhos, escondendo-os na boca. Assim que passou o perigo, ela a abriu, e os peixinhos saíram rápido. Ela continuou parada. Ao perceber que já não havia perigo, todos seguiram adiante.

Como precisamos de nossa mãe! Mãe é mãe em qualquer situação e em qualquer lugar.

Fiquei acompanhando o processo de vida no nosso querido planeta Terra. Confesso que àquela altura eu derramava lágrimas e sentia saudade. Olhando daquele plano onde me encontrava, nossa mãe Terra parecia uma bola frágil flutuando no Universo! Tudo me parecia tão pequenino, tão sensível, tão frágil...

Agora eu entendia o amor de todos os que já viveram nela. A Terra parecia uma roupinha que um dia foi minha e agora já não me servia mais. Para entrar nela, precisava de outra roupagem. Meu corpo já não se encaixava nela, estava em outro plano, onde o espírito adquire outra modalidade. As lágrimas teimavam em cair dos meus olhos. Senti um nó na garganta e um aperto no coração.

Meu trabalho agora seria protegê-la, cuidar dos meus irmãos que ainda viviam por lá. Como pude ter vivido tanto tempo lá e ser tão cega?

Nós somos tão frágeis e pequeninos que pensamos que a Terra é uma imensidão! Lembrei-me da frase que ouvia muito na Terra quando encontrava com alguém conhecido: "Que mundo pequeno!" – e, realmente, é muito pequeno.

Esqueci-me da hora, tão envolvida que estava em observar nossa amada Terra.

Consolei-me lembrando que tenho o direito de amá-la, admirá-la e sentir saudade sem que isso me atrapalhe espiritualmente. Posso tocá-la, beijá-la, acariciá-la, amá-la. O mentor nos chamou para retornar, pois era hora da oração coletiva na colônia.

Prosseguiríamos em nossa caminhada rumo à planície no dia seguinte. Portanto, deveríamos colocar em ordem nossos pertences pessoais.

Fomos avisados de que, no romper da aurora, um mentor que conhecia bem o local nos levaria até a planície. Este é o ponto mais baixo do Umbral, é impossível alguém entrar ou sair de lá sem ajuda de mentores experientes.

Meditei sobre todas as coisas que vi e aprendi nos últimos dias daquela missão. A cada instante aprendemos que a vida é muito mais importante e valiosa do que imaginamos.

Depois de todos terem se recolhido, demorei a me desprender. Os espíritos no estágio em que eu me encontrava ainda necessitam de repouso e cuidados, como higiene pessoal e desmembramentos, que se assemelham a sonhos. Estamos sujeitos a sofrer algumas recaídas, pois ainda estamos ligados às lembranças das últimas encarnações.

Assim que consegui me desprender, fui direto ao reservatório local, onde deixei meu corpo espiritual em pleno repouso. Nosso instrutor nos autorizou a fazer pesquisas nessas condições. Explico: para nos locomover, usamos apenas a energia mental. É assim que entramos em sintonia com os encarnados, por meio da energia mental deles.

Encontrei algumas pessoas do nosso grupo. Cada uma observava o que seu mental havia lhes apontado como de interesse. Fui direto à posição "Terra". Localizei-a facilmente – vocês não podem imaginar o espetáculo que é observar esse pedaço do céu que chamamos de Terra.

Uma bolinha iluminada, ora azul, ora verde, ora dourada: é assim nosso planeta. Focalizei o centro dela e entrei em plena mata. A vida noturna ali era agitada, muitos animais lutando pela sobrevivência.

De repente deparei com um rio: o maior dos rios em volume de água! Fiquei curiosa, calmamente fui observando toda a sua beleza. Quanta vida ele alimenta, quantas bênçãos ele concede a seus habitantes. Em uma de suas bacias vi flores se abrindo como se estivessem a protegê-lo. Eram as maiores flores que vi na região, nascendo sobre as águas de um rio. Eram as flores das vitórias-régias brasileiras.

Na outra margem do rio, protegida pelas raízes dessas maravilhosas plantas, uma mamãe peixe-boi amamentava seu bebê com todo o carinho e orgulho.

Aves noturnas pescavam na beira do rio, o macho pegava o peixe e a fêmea levava ao ninho, alimentando seus filhotes.

A serpente gigante (sucuri) arriscou-se a sair do fundo do rio e buscar algo quente para comer. Observei aquela bonita criatura movimentando-se como uma bailarina. Graciosamente seguiu, confiante e decidida.

Ficaria horas descrevendo toda a beleza daquele momento: o rio e a mata, os pais amorosos de toda aquela população de animais e plantas. Eles se ajudam entre si, doam-se uns aos outros. Como Deus é maravilhoso, que belo exemplo de amor.

Passei pelos mares mais uma vez, fui à parte alta do planeta e desci à mais baixa, correndo sobre as ondas que cantavam e brincavam de roda. E esta foi a impressão que tive: era como se muitas crianças saíssem correndo de mãos dadas, pulando e cantando.

A limpeza desse reino salgado é notado em toda a sua extensão. Olhando por cima das águas, ninguém imagina os jardins floridos e toda a riqueza desse reino fantástico.

Esse reino divino é o guardião do planeta, pois, sem ele, seria completamente impossível a sobrevivência da nossa mãe Terra. Ele abastece o planeta de água, garantindo a vida de toda a vegetação, de todos os animais e de todos os seres humanos. Os rios, cumprindo sua tarefa, correm para seus braços – como é lindo tudo isso.

Aproximei-me de uma área onde se localiza uma das maiores cidades do planeta. Ao entrar, já senti a diferença na energia de seus habitantes. Até os pobres animais, que vivem em cativeiro, são prejudicados por ela. Quanta tristeza, quantas lágrimas, quanto sangue. Uns vivendo das desgraças dos outros. Alguns corpos carnais repousando enquanto os espíritos guerreavam entre si.

Cheguei a um centro comercial e lembrei-me de uma das visitas que tínhamos feito ao Umbral. As meninas sendo vendidas como se fossem objetos de uso pessoal. Presenciei uma cena que me deixou horrorizada: vi uma tia negociando a virgindade de sua sobrinha. O sujeito era um milionário respeitado na sociedade como bom cidadão, sério e defensor da moral. Dizia-se religioso praticante, e de vez em quando aparecia em público dando bons exemplos de fé.

Quando a tia deu a notícia para a garota, esta tremia de medo. Vi sua história de vida: vinda de uma cidadezinha esquecida no norte do país, nada conhecia. Não tinha nenhuma malícia em relação ao sexo.

A tia a preveniu de que o senhor não iria machucá-la. A vida era assim mesmo. E o que elas receberiam dele daria para comprar uma casinha para sua mãe e seus irmãos. Além disso, se ela fosse boazinha, ele continuaria as ajudando ainda mais. A pobre garota apenas ouvia, seu coraçãozinho batia acelerado.

"Meu Deus, o que fazer?", pensei. Fiquei tão nervosa que não conseguia raciocinar. "Preciso ajudar essa menina, mas como?"

Acompanhei a senhora que fechava o negócio com o próprio "doutor fulano". Ele colocou certa quantia na mão dela e recomendou que no próximo fim de semana aprontasse a garota para acompanhá-lo em uma excursão. Seria em seu iate. Ela poderia acompanhar a menina e prepará-la para satisfazê-lo. Sorrindo, disse:

— Estou pagando bem, e não quero me aborrecer, você entende, não é mesmo? Afinal de contas, estou pagando o preço de uma joia, e das mais caras! Caso goste da garota, você terá sempre um bom freguês. – E, por fim, recomendou: – Segredo absoluto! Uma palavra em falso, você sabe o que acontece.

A mulher sorriu satisfeita. Entrou em casa mostrando o dinheiro para a menina. Sentou-se ao seu lado, separou uma parte e disse:

— Veja bem, só isso aqui dá para comprar um pedacinho de terra, um cavalo e umas duas vacas para sua mãe ir tocando a vida com seus irmãos. Ela não precisa saber de nada. – E, animando a menina, disse-lhe: – O doutor fulano é muito educado, fino e muito limpo. Você só precisa ser agradecida e fazer tudo o que ele quiser. O que você vai fazer não vale a pena para tirar sua mãe do aluguel?

A menina, lembrando-se da fome e da miséria que passavam sua mãe e seus irmãos, de cabeça baixa, respondeu:

— Sim, para ajudar minha mãe farei qualquer sacrifício. Ensine-me tudo o que preciso fazer para agradar esse senhor! Farei tudo como a senhora me ensinar.

— É isso mesmo, minha filha, cada um faz o que pode – a esperta tia sorriu. – Graças a Deus você nasceu bonita, e a virgindade um dia você iria mesmo perder! Conheço tantas mulheres que se casaram sem ser virgens e são felizes. E outras que se casaram virgens e hoje são pobres e infelizes. Sua mãe mesmo não é um exemplo? Coitada, casou-se com o primeiro que namorou, e o que fez seu pai? Deixou-a com seis filhos e sem nada. A sorte dela será você, Celeste. Amanhã mesmo você vai comigo colocar o dinheiro e uma carta no correio para sua mãe.

A menina só pensava na alegria da mãe. Até já sabia qual terreno iria comprar: tinha um tanque com água, uma casinha caiada e alguns pés de frutas. Já imaginava o brilho nos olhos de seus irmãos, que frequentariam a escola – ela não conseguiu ir, mas seus irmãos iriam...

Fechou os olhos e mentalizou a figura sofrida de sua mãe chegando cansada, suada depois de um dia de trabalho na roça de algum produtor rural. Trazia um quilo de farinha, um de feijão e, às vezes, um pedaço da carne e algumas balas de mel.

Sua mãe chegava abraçando e beijando um por um, e perguntava se todos se comportaram bem, se tinham obedecido a irmã, que, com apenas oito anos, cuidava dos seus irmãos menores.

Celeste completaria dezesseis anos em breve. Lembrava-se da visita de sua tia, que levara algumas roupas usadas para sua mãe e lhe pedira para levar a menina, dizendo que arrumaria serviço para ela. Trabalho bom e rendoso que ajudaria a tirá-la daquela pobreza. No começo a mãe ficou com medo, mas depois achou que seria o melhor para sua filha.

Pensava na mãe, e as lágrimas desciam livremente pelo seu inocente rosto. Lembrou-se de sua infância correndo em volta do casebre, brincando com seu cachorrinho. Quando menina, sonhava em ser uma princesa, casar com um príncipe e ser muito feliz.

Triste, avaliava a vida: tudo era uma ilusão, ninguém amava ninguém, o único amor que existia era apenas da mãe e dos irmãos, eles, sim, a amavam. Pouco importavam seus sonhos de menina. Agora ela queria mesmo era salvar os seus da fome e da vergonha de andar a pedir um bocado para comer, cobertos de trapos, pés descalços e sem um tostão para nada. Aquilo, sim, era vergonha!

Havia chegado a hora de a menina ser entregue àquele impiedoso pai (ele tinha uma filha bem mais velha que aquela menina).

Lutei para retornar ao meu corpo espiritual e pedir ajuda ao meu instrutor, mas não consegui sair. Lembrei-me de que quando nos desprendemos do espírito vemos tudo como um encarnado vê em sonho, e não podemos fazer nada a não ser orar.

Tudo aconteceu como o previsto, e a menina voltava para a casa da tia triste, abatida, arrasada. O milionário, satisfeito, se gabava com os amigos que ficaram interessados em conhecer a mulher que lhe proporcionara tamanha aventura.

Vi aquela menina cair nas trevas da carne. Nem parecia a mesma sertaneja de outrora: cheia de joias e de roupas caras, de cara pintada e perfumada, transformou-se na rainha da noite.

O cidadão que lhe empurrou para a vida da prostituição a visitava de vez em quando, enchendo suas mãos de joias e de maços de dinheiro.

Senti-me aliviada ao descobrir que, com a ajuda dessa filha, seus irmãos estavam estudando, a mãe estava mais sossegada. Nenhum deles desconfiava da vida que ela levava na cidade grande.

Ela estava lendo uma carta e chorava: o mais velho de seus irmãos iria receber os votos sacerdotais e fazia questão de sua presença. Em letras grifadas, escreveu: *Tenho certeza que Deus te ama muito, pois, graças a você, este pequeno pastor pôde se preparar para Servi-Lo.*

Analisei o que vinha aprendendo desde que iniciei minha jornada nesta viagem: as rosas nascem entre os espinhos. Aquela menina havia caído, mas ajudou outros a se levantar, então apenas Deus poderia apontar seus erros.

Andei pelas ruas. Aqui e ali pessoas dormindo ao relento, corpos de vítimas da criminalidade caídos, pessoas trabalhando na limpeza da cidade, guardas andando de um lado para o outro. Médicos e enfermeiros correndo pelos corredores dos hospitais, tentando salvar alguém que estava morrendo. Nos lares, maridos que chegavam embriagados e esbofeteavam as esposas.

Fui andando com o coração apertado, pois ao mesmo tempo que via tanta beleza na Terra também presenciava tanta infelicidade.

Sentada na calçada de um cemitério, parei e fiquei observando a mãe que cantava baixinho embalando seu bebê nos braços – era uma moradora de rua. Entrei no cemitério e fui até a sala onde estava sendo velado um corpo. Alguns irmãos cochilavam, outros choravam baixinho, mas poucos oravam.

Saí do velório e andei por uma rua escura. A cena com que deparei me chocou tanto que cheguei a perder a noção do meu estado. Um homem jogava o corpo de uma menina em um terreno baldio. Eu avancei sobre ele, mas ele não parecia nem um pouco incomodado com minha presença.

A menina chorava e gritava pelos pais, eu também chorava e gritava por socorro. Algumas senhoras que nos cercavam abraçaram a menina, enquanto uma delas se encarregava de desembaraçar o corpinho ensanguentado. Eu chorava e soluçava. Meu Deus, que maldade! Uma das senhoras aproximou-se de mim e me abraçou, dizendo baixinho:

— Volte para seu trabalho, filha. Essa tarefa é nossa. Está tudo bem, volte agora.

Abri os olhos e dei com Marieta, já de pé:

— Bom dia, minha amiga. Não quis chamá-la, pois percebi que você sonhava, por isso não quis acordá-la. Acho que está na hora de partir.

Logo saímos. Encontramos todo o pessoal do nosso grupo aguardando os instrutores, que estavam no escritório conversando. Fiquei olhando para o céu, tantas estrelas brilhavam. Uma brisa gostosa batia em meu rosto, o perfume das flores pairava no ar. Tudo era tão belo, tão sereno, tão seguro...

O mentor aproximou-se. Carregava uma pasta debaixo do braço e parecia muito disposto e alegre. Agradecemos a todos e entramos no veículo acompanhados pelos mentores.

Já fazia um bom tempo que estávamos viajando entre túneis. Olhei para Marieta e notei duas lágrimas descendo dos seus olhos às escondidas.

— O que houve, Marieta? - perguntei baixinho.

— Saudade, apenas saudade – respondeu-me e, em seguida, ficou em silêncio. Então, apertei sua mão.

Viajamos durante um bom tempo dentro daquele túnel que parecia não ter fim. Avistamos uma claridade próxima, e eu dei graças a Deus. Paramos em uma pequena estação. O mentor desceu do carro e logo voltou acompanhado de um jovem, que nos foi apresentado. Um dos mentores que nos acompanhava nos informou que retornaria no próximo carro, mas que estaria sempre à nossa disposição. Arrisquei uma pergunta:

— Na volta passaremos por aqui?

— Receio que não, senhorita, pois nosso destino é sempre seguir em frente. Espero revê-los um dia, com fé em Deus, mais adiante. Sigam com Deus e boa sorte a todos.

O mentor que nos acompanhava recomendou ao nosso grupo que permanecesse tranquilo, pois iríamos começar a descer a muitos metros de profundidade. A temperatura cairia um pouco, mas não deveríamos nos preocupar, pois no carro havia um sistema de aquecimento à nossa disposição.

9.
No hospital

Tive a impressão de descer em um elevador gigante. Passamos um longo período descendo, tudo ao redor era escuridão. Sentimos quando nosso carro parou. Uma porta abriu-se, e deparamos com um lugar cinzento, onde o ar cheirava a fumaça e o solo era árido e sem vegetação. Fomos recebidos por alguns guardiões. O lugar era iluminado por tochas penduradas na parede. O mentor perguntou ao oficial de posto:

— Muitos passageiros para hoje?

— Um bocado, senhor – respondeu ele.

Virou-se para o nosso lado e falou:

— Amigos, antes de conhecerem nossas dependências, eu aconselho ao grupo descansar um pouco.

O mentor nos acompanhou até os aposentos que iríamos ocupar. Ficamos em um dormitório limpo e agradável. Uma moça educada nos ajudou a guardar nossos pertences, mostrou onde poderíamos encontrar o que precisaríamos para nossa higiene pessoal, e antes de sair nos disse:

— Volto dentro de uma hora para levá-los a conhecer nossa colônia.

Marieta examinava o local. Fui até a janela e vi que uma neblina escura encobria tudo. Pensava no que havia visto na noite anterior. "Meu Deus, que dor para os pais daquela menina. E ela onde estaria?" Nunca tinha visto uma cena tão brutal quanto aquela.

Marieta me chamou a atenção:

— Rosa, o que acontece? Não está se sentindo bem?

Eu chorava abraçada a ela. Não conseguia falar o que estava sentindo. Então, ela me deu um copo d'água

— Vamos, beba isto. Fique calma! Nós fomos avisadas de que nossa missão não seria um mar de rosas. Olha, amiga, vi coisas no observatório da última colônia que pensei que não ia resistir. Mas lembrei que tudo isso faz parte da nossa missão. Procurei orar a Deus e, assim, consegui esquecer. Faça o mesmo.

Respirei fundo, me acalmei e desabafei:

— Oh, Marieta, eu nunca me senti tão impotente! Vi um sujeito jogando o corpo de uma garota, com frieza, diante de mim. E eu nada pude fazer por ela.

Marieta me fez sentar e disse-me:

— Você não pode responder pelos erros da humanidade. Se nem Jesus Cristo conseguiu, imagine nós! Se Deus permitiu que você presenciasse essa cena, foi exatamente para lhe mostrar que nossa missão é crescer para entender nossos irmãos que ainda se arrastam pela ignorância das trevas.

Descansamos um pouco e logo eu estava refeita. Fomos levadas para conhecer as dependências locais. Havia um pronto-socorro bem equipado. Ali eram socorridos os irmãos que vinham do Umbral, e a enfermaria estava repleta.

Existem algumas enfermarias que lembram as UTIs terrestres: os aparelhos ligados aos pacientes mostram onde está localizada a enfermidade mental do doente, e ele vai liberando as cenas de sua caída como espírito. Uma luz, ora azul, ora lilás, ficava percorrendo a sala entre todos os doentes. Quando essa luz passava pelos corpos dos doentes, notávamos que eles se mexiam.

— A luz é uma fonte de energia vital para o restabelecimento do espírito – nos explicou nosso acompanhante.

Na sala ao lado estavam aqueles que já se encontravam em melhores condições. Eles dormiam tranquilamente, tinham a fisionomia calma, o corpo em bom estado.

No terceiro pavimento ficavam os irmãos que já receberam alta e aguardavam na fila do transporte que os levaria para seus novos destinos. Era uma ampla e aconchegante sala de espera, com música ambiente, biblioteca e filmes recentes. Logo entendemos que serviam para entretê-los.

Nos intervalos, eles conversavam, discutiam assuntos mostrados no filme. Faziam planos, trocavam ideias – o que víamos naquele local era um clima de paz, esperança e fraternidade.

Fomos até as janelas e ficamos encantados com o jardim bem cuidado, as flores que exalavam uma essência suave e as borboletas coloridas completavam a beleza do jardim. Os respingos d'água de uma cascata formavam um arco-íris, que chamava a atenção dos admiradores.

Médicos e enfermeiros passeavam com alguns pacientes que descobrimos serem os mesmos que esperavam para embarcar. Vimos um carro amplo e confortável abrindo suas portas. Oficiais jovens e simpáticos conduziam os passageiros, que se despediam dos médicos e dos enfermeiros abraçando-os com lágrimas nos olhos.

Vários irmãos entraram no primeiro carro que partiu. O segundo já encostava, e pude ler em cima o seguinte letreiro: "Lar Sagrado Coração de Jesus". Foi com emoção que apreciamos a organização da colônia.

Entrou na sala de espera uma moça com uniforme oficial e que trazia uma prancheta. Era muito simpática e carinhosa para com todos. Ela chamou os nomes das pessoas, que se apresentavam com brilho nos olhos e ansiosas para seguir viagem.

A sala de espera esvaziou-se, e rapidamente um grupo de oficiais energizou o ambiente, fazendo uma limpeza extraordinária. Outros pacientes foram trazidos, ocupando toda a sala. E o processo se repetiu.

A oficial nos levou para o outro lado do edifício, mas antes de entrarmos na área colocamos um tipo de capacete protetor que simultaneamente nos fornecia ar e energia.

Um carro estranho acabava de chegar. Médicos e enfermeiros equipados com aparelhos corriam ao seu encontro. Oficiais desciam para abrir uma larga porta.

Os oficiais também ajudavam os médicos e os enfermeiros que recebiam e traziam, sobre macas, vários corpos disformes, transportando-os rapidamente para dentro.

Quando terminaram de retirar o último doente, um grupo de médicos e enfermeiros fez uma limpeza no carro, energizando-o de tal forma que percebemos que sua cor verdadeira era azul-claro, e não negra como chegou.

Houve a troca de turnos de oficiais, médicos e enfermeiros. O carro desceu por um elevador preso por cabos de aço. O movimento ali não parava um minuto. Dia e noite, o trabalho era constante.

A oficial nos levou ao local onde os irmãos trabalhadores que retornavam do Umbral recebiam cuidados especiais: uma sala ampla com poltronas reclináveis. Assim que eles se sentavam, um médico ajustava seu corpo na poltrona, reclinando-a de tal forma que ficasse completamente estirado.

Por cima deles, um aparelho emitia uma luz azulada e violeta. Vimos vários pontinhos escuros sendo puxados dos corpos dos nossos irmãos, que logo emitiam uma luz também azulada que irradiava por todo o ambiente. Quando saíram de suas poltronas, estavam completamente refeitos em seus corpos espirituais.

Fomos levados ao escritório onde ficava o registro de todas as pessoas que entravam e saíam de lá.

No sistema de registro informatizado, bastava você dar o nome das pessoas que procurava e logo apareciam milhares de fisionomias no painel gigante.

Logo abaixo de cada quadro apareciam as seguintes informações: data de entrada, tempo de permanência, área em que se encontra, visitas recebidas, nome do visitante, saídas da área e nome do responsável. Para os que já tinham recebido alta, apareciam também a data da saída e o local de destino.

Quanta organização, quanto amor em servir em nome do Pai. Ninguém do lado de cá pode dizer que a vida é uma inércia. O trabalho é constante, não para nunca, e todos trabalham com alegria e satisfação.

Olhei para Marieta, e ela compreendeu o que eu queria lhe dizer: "Arrisque, pergunte por seu irmão!". Ela corou, pois é tímida, mas encheu-se de coragem e falou:

— Senhor, se for possível, eu gostaria de ter notícias de um membro de minha família, pois perdi contato com todos. Mais precisamente, quero saber de meu irmão.

O oficial calmamente puxou o nome citado e na tela surgiram centenas de rostos com o mesmo nome. Vi Marieta empalidecer ao apontar:

— Aquele é meu irmão!

— Ele se encontra em uma zona de tratamento – foi o que informou o guardião, sem dar muitos detalhes sobre onde ficava a colônia.

Foi feito um levantamento de um por um dos seus familiares. Alguns estavam encarnados, outros se recuperando de traumas espirituais. Os pais e os avós viviam em uma colônia de idosos por livre e espontânea vontade. Esperavam calmamente a visita e o regresso dos demais. Vi lágrimas de alegria descerem de seus olhos.

O guardião virou-se para mim e perguntou:
— Posso ajudá-la com alguma informação, senhorita?
— Não, senhor, muito obrigado! – respondi rápido. – Ainda não me encontrei, preciso me encontrar para, então, buscar meus entes amados. Prefiro esperar mais um pouco.

Ele assentiu com um sorriso.

Fomos assistir aos primeiros-socorros dos irmãos recém-chegados do Umbral. Mais um carro tinha "subido" – é essa a expressão ali usada: "subir", a mais pura verdade. Quem desce daquele local jamais subirá sozinho. Sem a Luz de Deus e uma mão generosa, a subida é totalmente impossível.

Entramos com máscaras na sala de primeiros-socorros. Corpos sujos, ensanguentados, repletos de tumores, feridas abertas e apodrecidas causam no primeiro impacto um choque violento em qualquer um.

Homens com a barba e cabelos compridos, cheios de pequenos parasitas que lhe sugam as forças. Alguns deles perderam os lábios, os dentes, os olhos, as orelhas, as unhas. É algo tão chocante que só vendo para crer.

Logo todos foram colocados em uma espécie de saco de tecido branco, passando lentamente por um tubo que era alimentado por uma luz arroxeada. Saíram pelo outro lado completamente limpos.

Com cabelo, barba e unhas feitos, feridas limpas, já foi possível lembrar alguma coisa humana em seus novos corpos.

Dependendo do caso, o espírito era levado à sala de cirurgias, onde eram reconstituídos os membros amputados. Eram levados à UTI, e permaneciam lá até receber alta para o pavimento seguinte. Perguntei ao instrutor:

— Qual é o benefício daquela embalagem que os envolve?

— Em seus mentais, é como se fosse um novo nascimento. Eles se livram do saco e isso os liberta para a vida. Tudo o que você viu é o que eles sentem dentro de si. Naquela embalagem são totalmente eliminadas as doenças mentais que trouxeram consigo no corpo espiritual, pois as deformações são causadas pela mente.

Vi uma mulher sendo colocada no saco, fiquei penalizada ao ver seu estado: os seios eram duas feridas cheias de vermes, não tinha cabelo em nenhuma parte do corpo, estava sem um dos seus braços, as pernas eram uma ferida só, e o rosto estava totalmente deformado.

De mãos dadas, oramos juntos. Ao sair da embalagem, pude notar que as feridas da mulher estavam limpas, embora seu corpo ainda estivesse deformado. Os enfermeiros levaram-na à sala de cirurgia.

Recebemos autorização para ver o procedimento. Preparamo-nos para entrar e fomos guiados por um médico da equipe.

A sala de cirurgia estava equipada com vários aparelhos que o ser humano não conhece. A iluminação lembrava os raios do sol. Sobre o corpo da doente corriam raios de todas as cores, lembrando o arco-íris. A temperatura morna e uma música suave ajudavam os trabalhadores e os doentes manterem-se equilibrados.

Os membros da equipe médica estavam ao redor da mesa cirúrgica, calmos e serenos. Entre eles, um senhor de barba branca, cuja fisionomia lembrava um anjo, elevava as mãos para alto, e todos os médicos se iluminavam. Das mãos de alguns saíam instrumentos e de outros, medicamentos. Do mestre iluminado saíam órgãos que, com a ajuda dos iluminados trabalhadores, iam se encaixando em cada parte do corpo deformado.

Terminada a reconstituição do corpo, colocaram-na em uma espécie de gaveta. Vi o mestre acionar um botão no painel. Todos eles oravam em volta da gaveta, e um feixe de luz circulava sem parar. Passados alguns instantes, a gaveta ficou completamente azul, e eles sorriram e se abraçaram. O mestre lentamente abriu a gaveta: eu não suportei a emoção e chorei, minha vontade era correr até aqueles irmãos, beijar-lhes as mãos.

Era uma moça jovem, que não devia ter mais de vinte e poucos anos, os cabelos negros e ondulados caíam sobre os ombros. Os cílios negros, o rosto rosado e uma boquinha pequena com lábios bem-feitos. Ela respirava tranquilamente, os braços cruzados repousavam sobre o peito. Seu corpinho refeito mostrava uma beleza fora do comum. Eu não conseguia parar de chorar.

Os enfermeiros transportaram a garota para a UTI. Perguntei para o mentor:

— O senhor tem ideia de quanto tempo ela ficará dormindo?

— Isso depende dela. Pode ser que acorde logo ou que fique mais tempo. Em seu mental, ela pensa estar sonhando, e é provável que sinta medo de abrir os olhos.

— Posso ficar um pouco ao lado dela?

— Sim, contanto que envie ao mental dela pensamentos positivos e forças para que ela não tema a vida.

Enquanto nosso grupo visitava os leitos, eu me ajoelhei ao lado daquele corpo, orando com toda a fé que tenho em Deus. Ao abrir os olhos, vi com alegria que ela se mexia. Falei perto de seu ouvido:

— Não tenha medo de acordar, pois Deus ama você! Nós também te amamos. Você já não está mais só. Acorde para a vida, acorde para a Luz. Nós estamos torcendo por você. Não tenha medo, você conseguiu vencer!

A oficial nos chamou, pois era hora de retornar. Fomos levadas ao nosso quarto, mas não tocamos no assunto. Precisávamos analisar profundamente tudo o que presenciamos, pois foi uma grande lição de vida para cada um de nós. Além disso, deveríamos descansar bem aquela noite para seguirmos viagem no outro dia cedo.

Desceríamos a outra área do Umbral para ver de perto seus sofridos moradores. Recebemos em nossos aposentos as refeições à base de líquidos e geleia de frutas. Foi-nos enviada, através do aparelho instalado no quarto, uma belíssima mensagem de paz. Era a oração geral que os internados recebiam.

Mentalizei aquela garota que tanto mexeu com minhas emoções espirituais. "Oh, Deus, faça-a ouvir a Tua palavra." Naquela noite, descansamos profundamente.

Na manhã seguinte, estávamos aguardando a ordem do mentor para seguir viagem, quando a oficial que nos acompanhava chegou perto do nosso grupo e perguntou:

— Vocês podem me acompanhar por um instante?

Todos concordamos, fomos até a UTI. A moça que chegou deformada e com uma péssima aparência estava sentada na cama, refeita.

Um médico conversava com ela quando entramos no quarto. Ela levantou a cabeça para olhar em nossa direção. Os cabelos ondulados brilhavam, o rosto iluminado mostrava toda a alegria que vinha do coração.

O médico nos disse sorrindo:

— Fiquem à vontade, pois já examinei minha paciente e estou muito satisfeito. Volto no final do expediente, Maria Clara.

Não sabia o que dizer, tamanha era a emoção que eu sentia.

Médicos e enfermeiros elogiavam sua nova aparência e brincavam com ela, deixando-a à vontade. Dirigindo-me um olhar meigo, ela perguntou:

— Como você se chama?

— Meu nome é Rosa – respondi com alegria.

— Eu gostei muito de você, Rosa. Seu nome é parecido com você! Além de linda, é maravilhosa. Ajudou-me muito!

Nosso instrutor aproximou-se de mim e segurou minha mão, pois eu chorava de emoção. Abracei Maria Clara sentindo um nó na garganta. Era como se eu já conhecesse aquela moça. Liguei meus sentimentos com a emoção de tê-la visto em um estado tão triste.

Nos despedimos dela e de todos os trabalhadores locais. Agradecemos pela boa acolhida de todos e entramos em nosso veículo acompanhados de três oficiais. Era hora de seguir. O carro começou descer lentamente, e tudo era escuridão à nossa volta.

10.
UMA COLÔNIA EXEMPLAR

Estávamos tensos, mas nosso instrutor nos acalmou dizendo para nos manter em orações. Acredito que fizemos cerca de seis horas de viagem (horário da Terra) até pararmos em uma estação iluminada apenas por algumas tochas presas no alto das ferragens.

O vento era tão forte que não ouvíamos nem mesmo as palavras daqueles que estavam do nosso lado. Os raios cortavam o céu e se encontravam como em um grande incêndio – pareciam labaredas de fogo, de cima para baixo.

Assim que descemos, uma chuva violenta começou a cair. Fiquei assustada, pois nunca tinha ouvido falar de chuva de filetes de gelo – que mais pareciam facas pontiagudas. O oficial nos levou a uma cobertura e nos pediu calma, que não entrássemos em pânico.

No abrigo, a temperatura era agradável. O ar era limpo, e o ambiente, completamente saudável. Pensei: "Abençoado é o Senhor, porque mesmo nas trevas Sua Luz se faz forte".

O guardião nos apresentou ao chefe do comando local, um homem que aparentava ter mais ou menos trinta e cinco anos, belo porte, educado e muito gentil. Ele apertou a mão de cada um de nós, desejando boas-vindas e nos convidando a sentar. Não parecia nem um pouco preocupado com a tempestade, pelo contrário, estava calmo, muito tranquilo. Tocou uma sineta que ficava sobre sua mesa de trabalho, e uma porta se abriu, de onde apareceu uma jovem lindíssima:

— Pois não, chefe, o senhor me chamou?

— Sílvia, por favor, recepcione nossos visitantes. – E, virando-se para nosso grupo, disse: – Desculpem pela ausência, mas preciso despachar com o colega algumas providências de trabalho que temos de executar.

Então, nosso instrutor seguiu com ele e nos deixou aos cuidados de Sílvia. O lugar era limpo e iluminado, a mobília era simples, mas de muito bom gosto.

— Descansem um pouco – disse-nos Sílvia. – Virei buscá-los para conhecer o posto central da nossa colônia daqui uma hora, está bem?

Um relógio na parede marcava as horas, eram exatamente 14h.

— Interessante – comentei com Marieta –, este lugar me lembra a vida terrena. Nas paredes, nos móveis, nas roupas e na decoração.

Marieta também examinava o ambiente e me respondeu:

— Rosa, eu presumo que este local é como se fosse apenas uma extensão do planeta Terra. Acredito sinceramente que eles plasmam muitas coisas boas da Terra e desenvolvem aqui um trabalho quase humano.

Fiquei analisando as palavras de Marieta e respondi:

— Minha amiga, você tem razão. Aqui se concentra uma área de grande responsabilidade. Admiro o trabalho desses irmãos que se propõem a servir a Deus em um lugar de tantos sofrimentos.

Lembrei-me de Maria Clara, que foi resgatada por certo daquele lugar o qual em breve adentraríamos. Só de me lembrar de tudo o que vi no abrigo do socorro, senti um aperto no coração.

A janela do quarto dava para um pequeno jardim. Era tão parecido com a Terra que por um momento senti o cheiro dela. O sol iluminava tudo, nem parecia que tínhamos passado por aquela tormenta de chuvas e relâmpagos. A terra estava seca, não havia chovido. Meu Deus, então era essa a casa que o Divino Mestre preparou para seus trabalhadores.

Eram 15h quando Sílvia apareceu, convidando-nos a conhecer o local.

— Creio que nossos superiores voltarão no final do expediente. Enquanto isso, vocês podem ter uma ideia do que é o nosso posto.

Andamos por um corredor estreito e comprido, repleto de dormitórios com portas. Lembrou-me os quartos de hotel na Terra. Saímos em uma sala de visitas bem iluminada, com sofás, poltronas e algumas mesinhas nos cantos e no centro, repletas de livros e revistas. Alguns vasos de plantas ornamentais enfeitavam o ambiente.

Através da porta de vidro podíamos ver o jardim que se abria à saída do prédio. Andamos até uma praça ao lado do jardim, onde havia um conjunto de casas idênticas, pintadas de branco e cercadas por jardins floridos na entrada. Nessa praça havia muitas crianças sentadas no gramado e pessoas idosas sentadas em bancos confortáveis. Um grupo de professores, um médico e uma enfermeira andavam de lá para cá conversando alegremente. Uma fonte iluminada no meio da praça formava um lago, onde cisnes nadavam tranquilamente. Árvores com copas gigantes faziam sombra por toda a praça.

Uma tela imensa entendia-se à nossa frente. Nela, estava sendo projetado um programa que prendia a atenção de todos. Crianças e idosos riam – estavam tão envolvidos que não perceberam nossa chegada.

Os professores e os encarregados de saúde aproximaram-se de nós, sorridentes e muito simpáticos. Disseram-nos que a programação do dia tinha como tema "A vida é a natureza de Deus".

Paramos e prestamos atenção no que estava passando na tela: era um quadro belíssimo no qual todas as crianças podiam participar da história entrando na tela. É claro que nenhuma criança corria o menor risco, pois toda programação era plasmada pelos mestres superiores.

As crianças entravam na tela, tocavam nos animais, nas plantas e participavam de toda a programação, que era feita com base nas necessidades de desenvolvimento de cada um deles, explicou-nos um professor.

Fiquei emocionada e pensei: "Meu Deus, tanto amor, tantas bênçãos e tanta esperança no meio das trevas!". Meu instrutor bateu de leve no meu braço e, sorrindo, me disse:

— Rosa, onde há vida, há luz e esperança!

Um menininho de uns sete anos entrou na tela e foi abraçar uma oncinha, ajudando a mamãe onça na amamentação do filhote. Quando ele passou por um ninho de passarinho, sem querer (mas percebi que essas situações são apresentadas para testar a reação das crianças diante da preocupação em salvar vidas), derrubou um filhote do ninho.

Imediatamente pegou o pequeno pássaro, alisou-o, pedindo-lhe desculpas:

— Foi um acidente. Eu preciso prestar mais atenção – e recolocou o filhote no ninho com todo o carinho, ajeitando-o e verificando se o ninho estava seguro.

A professora piscou para nós. Outros também torciam para que tudo desse certo com o pássaro e com o menino. Que belo exemplo de amor com responsabilidade.

Deixamos a praça e fomos para o outro lado, onde ficavam as casas. Entramos em uma delas, que estava vazia, pois seus moradores mudaram-se havia pouco tempo – foi o que nos disse Sílvia. Havia uma sala de bom tamanho, três dormitórios, sala de jantar, cozinha e dois banheiros. A mobília tinha o estilo padrão da classe média da Terra. A casa estava limpa e perfumada, pronta para receber novos moradores.

Naquelas casas moravam famílias que necessitavam se ajustar às Leis de Deus. Trabalhavam na colônia, estudavam e se preparavam para recomeçar a vida em família em colônias mais avançadas. Ali, estavam em regime semiaberto os avós que rejeitaram seus netos, os filhos que abandonaram seus pais na velhice em asilos, noras que maltrataram seus sogros. Enfim, todos que viviam naquela colônia se ajustavam uns com os outros.

Enquanto os pais trabalhavam, as crianças estudavam, praticavam esporte, liam, assistiam a filmes didáticos e brincavam com os avós. Os pais retornavam ao entardecer – a maioria trabalhava nos prontos-socorros próximos à crosta terrestre.

Na volta, uma garotinha loira, de rosto sardento e olhos verdes brilhantes, correu ao nosso encontro e ofertou a cada um de nós uma bela rosa, desejando-nos boas-vindas. Educada e inteligente, apresentou-se como Janice e nos convidou para tomar o lanche da tarde. Sílvia deu-lhe um beijo, e a menina, muito meiga, disse:

— Tia Sílvia, depois do lanche nós vamos cantar uma nova canção que aprendemos hoje.

— Está bem, Janice. Nós teremos prazer em ouvi-los.

Na praça, estava posta uma mesa enorme repleta de geleias de frutas, chá, frutas variadas, leite, biscoitos, bolos, sucos, pipocas, mel – enfim, havia uma refeição farta à disposição das crianças e dos adultos.

Os netos abraçavam e beijavam os avós, procurando saber o que eles queriam comer. Rodeavam a mesa preparando pratos e oferecendo-os aos avós.

Ninguém comeu antes de todos estarem com os pratos prontos e ter feito uma oração de agradecimento. Todos de mãos dadas em torno da mesa oravam:

— Senhor, Tu és o pão e o vinho, a luz e a vida que nos sustenta. Dai, Senhor, a fé e a razão para que nossa família possa encontrar sempre a paz do Teu coração. Abençoa, Senhor, nossos pais, amigos e irmãos que, não estando presentes em nossa mesa, estão em Vosso coração.

Janice acrescentou:

— Agradecemos aos nossos mestres, aos nossos avós e aos nossos amigos presentes pelo carinho que nos dedicam em nome de Jesus.

Do seu peito saíam círculos de luz de cores variadas – do branco ao rosa e ao azul –, formando uma linda coroa na cabecinha de cada uma das crianças presentes.

Todos estávamos com os olhos marejados de lágrimas. Como é fácil semear a Luz do Amor em um coraçãozinho inocente. Quanta bondade, quanta esperança e fraternidade emanava daqueles anjos.

Com alegria, todos comiam. Fazia tempo que eu não provava uma das frutas da Terra: jabuticaba doce como mel. Foi maravilhoso dividir uma mesa tão abençoada por Deus e na companhia daquelas crianças divinas.

Quando terminamos o lanche, agradecemos a Deus, e todos nós, em clima de alegria, retiramos os alimentos da mesa, levando-os ao refeitório.

Os professores deram dez minutos para que todos retornassem à praça. Eles deveriam escovar os dentes, lavar as mãos e ir cantar para nós a nova canção. Os idosos também se retiraram, alguns ajudados pelos trabalhadores do posto.

Nós recebemos todo o material descartável e fomos levados a um local onde encontramos torneiras com água potável, tudo muito limpo. Ao retornarmos, as crianças já estavam voltando. Interessante foi que os dez minutos foram respeitados. Ninguém se atrasou, todos estavam dispostos, e no rostinho da cada um a expressão de alegria.

Os professores organizaram de tal forma que os menores ficaram de um lado, e os maiores, do outro. Meninas e meninos separados. Uma música ecoou no ar, era uma música alegre. Na tela apareceram vários animais com seus filhotes que acompanhavam o ritmo da música e dançavam uns com os outros.

As crianças se misturavam com eles, trocavam os pares; crianças e animais se abraçando. Era uma brincadeira tão sadia e inocente. Eles se sentiam em plena floresta brincando com os animais e aprendendo a conviver em grupo.

Naturalmente, tudo aquilo era um trabalho plasmado e realizado pelos mestres a fim de desenvolver naquelas crianças a grandeza do amor e o respeito pela vida. Sílvia nos orientou:

— Aqui eles aprendem a conviver em harmonia com a natureza, tornam-se independentes e não se agarram aos pais como uma válvula de escape.

Eles fizeram uma pausa. Então, a professora anunciou:

— Senhoras e senhores, apresentamos a vocês, em primeira mão, uma canção da autoria de Janice!

Diante do grupo, Janice, acompanhada pela orquestra, começou a cantar, puxando o primeiro verso. Sua voz era suave e melodiosa.

> *De onde vem tanta alegria,*
> *Tanto amor e emoção?*
> *Essa luz que brilha em nossos corações...*
> *Alguém aí pode nos dizer?*

E o coral respondia:

> *Querem saber de onde vem?*
> *Prestem atenção!*
> *Olhem para cima, e vocês verão:*
> *Jesus e Maria de braços abertos a nos ajudar!*

Formando uma roda, todos giravam e cantavam ao som da melodia: crianças, idosos e adultos. Nosso grupo acompanhou chorando de emoção. E Janice continuava cantando com sua voz macia:

> *Vamos dar as mãos, vamos dar as mãos e agradecer*
> *Ao Mestre Divino e à Nossa Senhora da Conceição,*
> *Aos seus mensageiros vamos pedir proteção para todos os filhos de Deus, que são nossos irmãos...*

Foi um momento tão envolvente que nos fez esquecer de todas as dores deixadas para trás. Outra canção foi entoada pelas crianças e, em seguida, elas se despediram dos adultos, pois iriam dormir um pouco com os avós.

De volta ao escritório, fomos conhecer as suas dependências e o sistema de arquivo, muito bem organizado.

Sílvia mostrava-nos os painéis indicativos, todos identificados por cores. Perguntei:

— Como vocês conseguem controlar tantas áreas ao mesmo tempo?

— Nós temos um aparelho que é ligado às bases, sendo acionado quando qualquer mudança se apresenta no quadro.

Um operador fazia anotações em uma prancheta. Luzes coloridas passavam sobre o painel, emitindo um som de alarme, chamando a atenção do rapaz que anotava tudo. Aqui, nos explicou Sílvia, a luz vermelha indica que estão havendo mudanças de comportamento, pois alguém clama por socorro. O operador anota a região, e logo o pessoal que faz a ronda é acionado. Eles entram em ação e resgatam o internado. A luz amarela indica a mudança de irmãos de uma área para outra. A verde anuncia calma entre zonas. Já a azul anuncia a chegada de novos irmãos nas áreas apontadas, e assim sucessivamente – Sílvia foi nos conscientizando da importância do painel.

Vimos o serviço que era desenvolvido naquele posto: de uma organização altamente especializada. Todos os elementos que trabalhavam naquela região, exceto os moradores, faziam rodízios. A cada três semanas eles subiam e outros desciam nas zonas do Umbral.

Os moradores que trabalhavam fora retornavam no final do expediente para serem substituídos por outros irmãos. Nenhum trabalhador reclamava daquilo que fazia. As pessoas trabalhavam com alegria e disposição, não existia discórdia entre eles.

Um grupo de cientistas desenvolvia um belíssimo trabalho no laboratório interno da organização. Eles cuidavam da manutenção e do equilíbrio local, retirando e usando todos os produtos necessários para a sobrevivência dos habitantes.

Trabalhavam no controle ambiental, purificando o ar e garantindo aos habitantes uma vida saudável. Preparavam medicamentos receitados pelos médicos ao povo daquele posto.

Fiquei impressionada com o trabalho árduo daqueles homens e mulheres que pesquisavam e desenvolviam tantas técnicas.

No departamento de vestiário, várias pessoas moldavam e preparavam as vestes do pessoal. Em outro departamento, os trabalhadores das hortas traziam frutas, legumes e hortaliças recém-colhidos, outros trabalhavam preparando e guardando conservas naturais.

Uma equipe desenvolvia e consertava móveis, brinquedos e utensílios em geral. Quem chegava àquele local nunca imaginava o que existia do outro lado do muro.

Nesse ínterim, Sílvia recebeu uma chamada pelo aparelho que ela usava no braço – uma pulseira bonita que se iluminava –, e ouvimos claramente a mensagem:

— Sílvia, por favor, tome as providências necessárias. Estamos no portão 17.

Ela nos pediu licença e apertou uns pontinhos luminosos na pulseira. Logo ouvimos alguém responder:

— Guardião de plantão falando!

— Aqui é Sílvia, por favor, providencie o recebimento do nosso mentor no portão 17.

— Tudo bem, Sílvia, as providências serão tomadas.

Ela, então, explicou para nós:

— Quando saímos da área de segurança, ao retornar, precisamos fazer uma limpeza geral antes de entrar no posto. O guardião responsável pela entrada dos trabalhadores leva até eles um aparelho que limpa o corpo espiritual, as roupas e os acessórios. Os trabalhadores residentes que chegarão daqui a pouco passarão por esse aparelho. Vocês não o usaram na chegada porque não houve contaminação.

Sílvia completou em seguida:

— Daqui a pouco chega o primeiro carro trazendo os mentores de volta. Não vou levá-los ao painel que mostra esse trabalho de recuperação porque são dois mestres. Não que eles se aborreçam com isso. Temos sempre de analisar o que é melhor para todos, e o respeito aos nossos superiores é questão de bom senso. Daqui a pouco vocês terão a oportunidade de ver um trabalho mais completo, a chegada dos trabalhadores externos.

Os mentores entraram e pareciam bem dispostos. Fomos apresentados a um bonito cavalheiro. Nosso instrutor agradeceu a eles pela grande ajuda que havíamos recebido. O general do posto perguntou para Sílvia:

— Mostrou a eles nossas dependências?

— Sim, passamos a tarde andando. Creio que eles viram quase tudo o que poderia mostrar.

Um dos nossos irmãos complementou:

— A irmã Sílvia nos deu toda a atenção possível. Nossos irmãos viram aqui coisas que jamais imaginaram existir. Nós agradecemos ao senhor e a todos os seus colaboradores, em especial a Sílvia.

Ela sorriu bondosamente. Os mentores se retiraram, ficamos com Sílvia, que pediu licença para verificar se o carro com os trabalhadores estava chegando. Marieta cochichou:

— Rosa, você notou os olhares amorosos e o abraço afetuoso entre Sílvia e esse lindo cavalheiro que chegou?

— Marieta, pelo amor de Deus! Isso que está pensando é pecado! De onde você tirou essa ideia?

— Rosa, percebi um brilho nos olhos dos dois! Acho que eles se amam.

Nisso, Sílvia entrou dizendo:

— Vamos nos apressando! O primeiro carro está chegando. Vou acompanhá-los para mostrar a vocês a técnica que usamos aqui para limpar e energizar os que vêm de fora do posto. Assim evitamos a contaminação ambiental.

No percurso que nos levaria à chegada do carro, disse-nos:

— Assim que terminar meu trabalho hoje, seguirei com meu marido para uma universidade espiritual. Ficaremos lá por uns três meses, pois vamos estudar juntos e trabalhar em um projeto novo que estamos desenvolvendo. Na volta, pretendemos aplicá-lo em nosso posto.

Olhei para Marieta e pensei: "Essa menina é mesmo danada! Eu não percebi nada! Realmente, aquele homem bonito é o marido da Sílvia". Parei e só então observei que eles não usavam alianças!

Lendo meu pensamento, Sílvia disse:

— Usar alianças é um costume terreno. Nos planos espirituais, nossa aliança é o amor que nos une em um só pensamento e a confiança que depositamos um no outro.

Criei coragem e perguntei:

— Sílvia, vocês ficam separados por muito tempo?

— Há muito tempo que trabalhamos em colônias separadas, mas nos vemos praticamente todos os dias. Fomos agraciados com esse curso de aperfeiçoamento devido a um projeto que criamos. Caso ele traga benefícios para nossos irmãos, voltaremos a trabalhar juntos. Adoro meu trabalho e sei que meu marido ama tudo aquilo que faz. Mas não podemos nos acomodar em uma só tarefa, estamos sempre aproveitando as experiências de um trabalho e outro para criar novos recursos.

Entramos em uma cabine, sentamos e ficamos observando. Sílvia ligou um painel, vimos o carro entrando lentamente no pátio. A iluminação era precária, as tochas iluminavam a entrada. Logo, o carro foi acoplado a um túnel e o aparelho, que lembrava os lava-rápidos terrenos, entrou em ação.

Uma chuva de água iluminada lavava todo o carro. Em seguida, todos desceram em fila e entraram em uma cabine. Ficavam sentados em cadeiras confortáveis por uns três minutos.

Ao sair, pareciam uma planta que tinha recebido água fresca, pois estavam todos bem dispostos. Que aparelho magnífico que limpava e energizava o corpo espiritual por completo. Imagine uma sensível planta que está murcha por falta d'água. Agora imagine essa mesma planta molhada e viçosa. Foi exatamente isso o que me pareceu.

O carro todo limpo, por dentro e por fora, entrou no estacionamento. O motorista passou pelo mesmo processo dos demais companheiros. Foi tudo tão rápido, não levou mais que cinco minutos.

Todos entravam alegres, brincando entre si. Sílvia nos apresentou um a um. Pareciam ansiosos não para descansar, mas para correr ao encontro daquelas criaturas maravilhosas: suas famílias.

Um deles, ainda com o crachá no peito no qual pude ler seu nome – R. MOURA, "Lar Bom Jesus" –, abriu uma pasta entregando uns papéis a Sílvia e disse:

— Amanhã precisamos levar o retorno. Caso a garota seja aceita nos trabalhos do posto, ela irá amanhã mesmo no primeiro carro.

— Bom descanso para você, Moura. Sua filha hoje compôs uma belíssima canção. Ela tem colaborado muito conosco. Parabéns! É talentosa e encantadora.

E foi assim que conheci o pai de Janice. Logo uma moça muito simples e simpática entrou apressada chamando por ele:

— Vamos, querido. O pessoal nos espera.

Todos saíam e entravam juntos na colônia. Existia uma união, uma confraternização entre seus moradores – um auxiliava o outro. Por isso seus filhos agiam com tanta educação, carinho e respeito uns com os outros.

Sílvia abriu o envelope na nossa frente, onde havia uma foto de Maria Clara e de toda a trajetória de sua vida. Nossa amiga abriu um sorriso de alegria e expressou sua emoção:

— Oh, como Deus é bom! Não acreditava que a Clarinha fosse se recuperar tão rápido! Ela é uma pessoa especial, com certeza o general vai aceitá-la no posto, e ela virá trabalhar conosco. Talvez me substitua. Vamos torcer para que tudo dê certo. Não sei quanto tempo vocês ficarão conosco, mas acredito que ainda vão se encontrar com ela por aqui.

Senti meu coração pulsando forte. Então, Maria Clara estava equilibrada o suficiente para substituir alguém como Sílvia. Era preciso ser muito capaz.

"Quem era Maria Clara? Por que ela decaiu tanto na carne?" Fiz uma oração em pensamento por ela.

Os mentores retornaram do escritório, e fomos informados de que deveríamos descansar para seguir com o grupo de trabalhadores da primeira hora.

Fiquei sabendo que ali se faz quatro turnos: das 6h às 12h, das 12h às 18h, das 18h às 24h e das 24h às 6h. Deveríamos sair quinze minutos antes da troca do primeiro turno.

Iniciaríamos nosso estágio na área dos espíritos considerados loucos, que cometeram muitos delitos na Terra e faleceram loucos. Aqueles que ainda conservavam as últimas lembranças da matéria eram mantidos em um sanatório, assistidos por médicos especialistas na reabilitação do espírito.

Todos os percursos demoravam o mesmo tempo. Cada carro era controlado não pela distância, mas pela necessidade, então cada carro era destinado a uma região, o que não prejudicava os trabalhadores em percursos prolongados.

Fomos informados de que, às 20h30, todos deveriam estar em seus aposentos para não atrapalhar as tarefas dos trabalhadores noturnos. Era proibido circular pelos arredores, além disso, ninguém poderia se ausentar de seu aposento sem o conhecimento e a ordem do general do comando. A vida naquela colônia, em alguns pontos, como horário, era igual à do planeta Terra.

Acompanhamos o pessoal do posto na oração do dia. O instrutor propôs o seguinte:

— Nossa oração hoje será interna. Cada um mentaliza Deus, pois somente Nele encontramos a força que buscamos para nossos caminhos.

Fez-se silêncio, e mesmo assim pudemos ouvir a voz de Deus. Nosso instrutor agradeceu aos generais e a Sílvia pelo bom acolhimento.

O marido de Sílvia comunicou-nos que eles partiriam no dia seguinte e ficariam ausentes durante três meses, e que outro general viria substituí-lo em suas tarefas.

Uma moça, que conhecia bem as tarefas executadas por Sílvia, havia se recuperado e deveria receber uma nova oportunidade, vindo atender às necessidades de Deus e colaborar com os filhos da colônia. Sílvia, com os olhos brilhando de alegria, disse:

— Eu estou profundamente agradecida a Deus e a todos aqueles que vêm me auxiliando nessa caminhada. – Sílvia tinha os olhos cheios de lágrimas e abraçou-nos, dizendo: – Creio que não nos veremos amanhã, pois seguiremos por caminhos diferentes. Até um dia, se Deus quiser, e boa sorte para vocês. – Abraçou nosso instrutor com os olhos marejados de lágrimas: – Deus o abençoe, meu irmão.

Fizemos uma corrente de oração com as mãos dadas e fomos direto para nossos aposentos. Ainda acordadas, Marieta e eu conversamos baixinho.

— Vamos precisar muito uma da outra – disse Marieta – para nos equilibrarmos nas emoções diante do sofrimento que vamos presenciar.

Logo entramos no desprendimento espiritual. Nosso corpo espiritual repousava, porém estávamos totalmente conscientes de onde estávamos e por que estávamos ali.

11.
HOMEM DA CAVERNA

Levantamos com a primeira oração local. Eram cinco horas da manhã, oravam o Pai-Nosso cantado de forma tão singela que qualquer pessoa ouvindo, por mais resistente em suas emoções, choraria.

Estávamos prontos para a viagem. Recebemos trajes especiais e uma lanterna que emitia raios eletrizantes. Fomos orientados quanto ao seu uso: deveríamos usá-las somente em caso de urgência. Se porventura fôssemos atacados por algum irmão doente, os raios eletrizantes neutralizariam suas ações.

Seguimos em um dos carros com três oficiais de resgate. Saímos do túnel e deparamos com uma tempestade acompanhada de relâmpagos, trovões e vento. Deixávamos a luz e entrávamos nas trevas.

Andamos durante aproximadamente quinze minutos por uma estrada lamacenta e escura. Só era possível enxergar alguma coisa quando o relâmpago iluminava a paisagem.

Paramos em um lugar estranho: pareciam pequenas cavernas, aqui e ali. Sobre elas, víamos uns pontinhos de luz. Parecia que a tempestade estava mais calma. O escuro era total. Acompanhados pelos três oficiais de resgate, chegamos até a entrada de uma das pequenas cavernas.

Seguíamos em fila, um segurando na mão do outro e rezando, com os oficiais na frente. Entramos em um quarto mal iluminado, mas pelo menos o chão estava seco. Havia uma garrafa com água, pão e frutas sobre um banco, uma pequena cama e um cobertor sobre ela.

Um homem, sentado em um canto, que mais parecia um animal encurralado, barbudo, cabelos desgrenhados, não percebeu nossa presença, tamanha era sua cegueira. Ele parecia calcular números, fazia contas, e em alguns momentos esmurrava o chão, gritando frases como:

— Gerei ladrões! Criei ladrões! Estou na miséria. Malditos, vou expulsá-los da minha casa, quero que se danem! – Espumava de raiva e falava em voz alta: – Você, mulher, foi a culpada de tudo. Deu boa vida a esses vagabundos, agora eles me levaram à ruína! E você os apoiou.

O mentor ergueu a mão na direção do infeliz, que foi se acalmando, assim pudemos ver o que ele pensava. Com os olhos parados, ele só pensava no dinheiro que perdeu e no ódio que sentia dos filhos e da esposa.

As ondas mentais mostravam quanto ele estava ligado à vida terrena e também às cenas dolorosas de sua última passagem. Fora um homem rico e bem-sucedido, trabalhador e avarento, casou-se e teve três filhos. Crianças lindas e meigas que viam nele aquilo que ele transmitia para as outras pessoas: medo e repugnância.

Nunca pegou seus filhos no colo – no máximo passava a mão na cabeça deles em um gesto rápido. Nunca participou das festinhas de aniversário. Sua esposa cuidava da educação dos filhos. Ele jamais acompanhou ou participou da rotina escolar deles. Sua vida eram os negócios, as bolsas de valores, os juros e a concorrência. Ele não aceitava perder, pagava o que lhe cobravam para sempre ser o primeiro em tudo. Para ele não existia sábado, domingo nem feriados. Sua vida se resumia a trabalho, trabalho e trabalho.

Seus filhos cresceram e, então, começaram os problemas. Vieram os escândalos. Os rapazes usavam o nome e o prestígio do pai para fazer extravagâncias, gastavam altíssimas somas de dinheiro em jogos e divertimentos. Largaram os estudos e se envolveram com bebidas, drogas e mulheres. O filho mais velho do respeitável senhor engravidou a filha de uma de suas funcionárias. Foi a gota d'água!

Expulsou os filhos e a esposa de casa, deu-lhes certa quantia em dinheiro e recomendou que sumissem de sua vida. Estava cansado de escândalos.

Esse é o retrato de uma família em decadência. Tanto dinheiro e tantas oportunidades que Deus ofereceu àquela família para prosperar junta e cumprir sua missão. E eles fracassaram.

Os dois irmãos eram unidos, saíam juntos, um apoiava o outro em tudo. Um dia o mais velho se envolveu em uma briga de bar e acabou ferindo mortalmente o rival, que veio a falecer. Sendo filho de quem era, o caso logo foi abafado, mas a moral do orgulhoso milionário também morreu. Nos negócios, esses escândalos derrubam qualquer concorrente.

O invencível senhor começou a sentir na pele a vergonha que atingia a humanidade: os problemas familiares. Ele não se sentia uma pessoa comum, mas um ser poderoso, sempre imaginando que todas as criaturas deveriam temê-lo.

A esposa perdeu a consciência, entrando em um estágio de esquecimento e fuga dos problemas da vida. Foi internada em um hospital para doentes mentais mantido pelo estado. A filha, não suportando tanta pressão e o medo de não saber sobreviver, procurou proteção em um convento. Ingressou em uma congregação e se isolou do mundo exterior. Levou na alma a dor e o sofrimento, pois sua missão não era aquela. Diante das consequências da vida, foi uma alternativa que ela encontrou para sobreviver em paz.

O dito senhor, sem filhos e sem a esposa, desmoralizado perante a sociedade, começou a beber e a jogar. Em pouco mais de três anos, perdeu quase tudo. Vivia pelas ruas odiando tudo e todos. Culpava seus filhos e a esposa pela desgraça de sua vida. Nunca parou para pensar que a culpa era apenas dele. Jamais colocou os pés em uma casa de oração, nunca acreditou em Deus ou na existência da alma.

Os filhos dele sofreram muito pelos caminhos da vida, mas se estabilizaram e viraram fazendeiros. Conseguiram entrar na justiça para rever parte de sua herança, visto que o pai desapareceu, e ninguém sabia o paradeiro do poderoso senhor. Falava-se até que ele havia morrido, mas seu corpo nunca havia sido encontrado.

O moço que havia engravidado a filha de uma funcionária de seu pai assumiu a criança e a mãe, levando uma vida decente. O outro também se casou com uma boa moça. Os dois irmãos constituíram família. Todos, marcados pela dor do passado, guardavam no íntimo de sua alma as marcas do sofrimento.

O senhor, que nunca havia pensado em Deus, perambulava pelas ruas de uma grande cidade. Barbudo e coberto de trapos, em nada lembrava o orgulhoso homem de negócios. Um dia, com fome, foi obrigado a entrar em uma fila em frente a uma casa de caridade para receber um pão e um copo de leite. Recebeu também algumas roupas e pôde tomar um banho. Saiu dali envergonhado, humilhado. Ele, que só usava roupas de marca, agora vestia as sobras dos outros. Assim a vida passava. O homem desencarnou sentado na porta de uma igreja pedindo "aquelas" moedas que ele nunca deu a ninguém. Foi enterrado como indigente, era apenas um mendigo como tantos outros.

Quando desencarnou, seu ódio pela família aumentou. Andava à procura dos filhos, jurando que iria matá-los. Ele foi recolhido nesse estado de loucura. Os pontinhos de luz que vimos em sua caverna eram exatamente as orações enviadas pelos filhos.

A moça, que seria a cumpridora de uma grande missão na Terra, bondosa, generosa, devota filha do Senhor, infelizmente não cumpriu sua missão proposta pela reencarnação – mas desenvolvia uma nobre missão. Ela tinha o compromisso de se casar e receber os filhos que necessitavam se ajustar na Terra, mas, por medo e fraqueza, preferiu buscar ajuda em uma das casas de Deus, deixando para trás seu compromisso com o Senhor.

Não cumpriu sua tarefa, mas também não contraiu débito algum, ao contrário, preparou-se ainda mais para retornar e dessa vez, quem sabe, honrar seus compromissos com mais tranquilidade. Deus é um Pai maravilhoso, sempre dá novas oportunidades para todos os filhos, estando eles certos ou errados.

Ali, diante daquele irmão sofredor, aprendemos uma grande lição: ao pedirmos refúgio na casa do Pai, encontraremos sempre a porta aberta, mas precisaremos enfrentar nossas dificuldades e honrar nossos compromissos.

Nunca se deve ingressar em uma das veredas da casa de Deus por medo ou covardia de enfrentar as dificuldades da vida ou as desilusões pessoais, fugindo e deixando para trás nossos deveres. Devemos ingressar em uma das casas do Senhor somente como pastores de Suas ovelhas, por amor e vocação, nunca fugindo de problemas pessoais.

Ele já estava naquele estado havia bastante tempo, desde que tinha sido recolhido pelos mensageiros que o levaram para aquele abrigo. Podia parecer pouco, mas, espiritualmente, ali ele teria condições de encontrar o desejo de viver, recobrando as lembranças e clamando por Deus.

Nosso instrutor nos orientou que no futuro ele poderá vir a ser um dos moradores da colônia em que Maria

Clara irá trabalhar, pois essa menina cuidaria de casos semelhantes ao dele. Ele precisava se curar plenamente para poder retornar à carne e cumprir sua missão.

Seus filhos ainda demorariam a chegar mais perto dele, pois ainda estavam encarnados. A esposa estava internada em um dos sanatórios espirituais, curando-se das tormentas de sua última passagem.

Oramos por aquele irmão que, aos poucos, foi adormecendo, se acalmando... Nossos mentores irradiavam raios de luz a seu favor. Rezávamos de mãos dadas, víamos saindo do coração do nosso instrutor feixes de luz que iam em direção ao irmão sofredor.

Fechamos os olhos e oramos com muito fervor a Deus pedindo por aquela alma. Ao sair, vimos os pontinhos de luz entrando pela caverna – eram as orações que ele recebia dos filhos encarnados.

Os trovões eram ensurdecedores, a escuridão era cortada por relâmpagos, o vento nos arrastava. Chovia pedaços de gelo como na nossa chegada ao posto da colônia. Andávamos devagar, um segurando a mão do outro, de um lado e do outro da estrada, avistávamos vultos correndo pelas encostas.

Chegamos a um abrigo coberto, que protegia os passantes da chuva de gelo. O chão estava seco. A cada instante vultos entravam e saíam correndo.

Aproximamo-nos e pudemos ver que havia apenas homens, que falavam baixinho uns com os outros. O mentor explicou-nos que ali se concentravam muitos espíritos que recobraram a consciência, sabiam que estavam mortos na matéria, mas resistiam à Luz.

Eles se revezavam o tempo todo buscando um meio de fugir do acampamento. Muitas vezes, conseguiam fugir, quando grupos de espíritos como o nosso entravam ali em missão e deixavam-se levar pelas emoções, permitindo que eles tomassem conta de seus mentais. Eles se recolhiam como vírus nos corpos espirituais, sugavam as energias dos espíritos que se sintonizavam com eles e saíam juntos. Uma vez fora do acampamento, saíam dos mentais de suas vítimas, deixando-as sem força alguma. Por isso precisávamos o tempo todo nos prevenir a fim de não receber as tais cargas negativas. Uma vez fora do acampamento, caberia também ao espírito facilitador da fuga a responsabilidade de ajudá-los.

Agora eu ouvia o que eles falavam. Um que parecia ser o líder falava para os demais:

— Temos visitas, fiquem atentos. Vamos fazer a ligação direta, assim qualquer um pode puxar os outros.

Eles deram as mãos, formando uma corrente. Estremeci e orei com todo o fervor a Deus Pai Criador. O oficial em frente parecia empurrá-los para que pudéssemos passar. Eles continuaram em posição de ataque, mas não nos perceberam.

12.
Armadilhas do desejo

Chegamos a um local em que as pessoas se arrastavam pelas encostas, outras lutavam entre si. Ouviam-se gritos e gemidos por toda parte. Entramos em um corredor comprido protegido por paredes de pedras com algumas fendas.

Uma mulher amparava um jovem que parecia muito mal, perdia muito sangue e respirava com muita dificuldade. A mulher rezava de olhos fechados.

O oficial apertou o botão do seu aparelho avisando ao pessoal de resgate e indicando a área onde se encontrava a mulher com o jovem. Ela abriu os olhos e nos viu.

— Meus irmãos em Cristo, Bendito seja o Senhor, porque ele me ouviu. Amados irmãos, eu agradeço de todo o coração pela ajuda que acabo de receber.

Ela tentava estancar a ferida que sangrava no peito do rapaz. Então, nosso instrutor abaixou-se e orou em direção à ferida, que foi estancando até parar de sangrar. A mulher continuava rezando, chorando de emoção. Olhou para nosso instrutor e disse:

— Deus o abençoe, meu bom senhor, que Jesus Cristo esteja sempre contigo.

O instrutor tocou-lhe o rosto e respondeu:

— Que Deus também a abençoe, minha querida irmã. Cristo está entre nós. Bendito seja o teu coração.

Do coração da senhora saíram pequenos círculos de luz que percorriam o corpo do doente. O oficial informou-nos que o socorro estava chegando. Enquanto orávamos de mãos dadas, pudemos ver a história dos dois.

Aquele rapaz era o empregado de confiança da mulher, que confiava nele como se fosse seu filho. Ele sempre lhe foi fiel em todas as tarefas.

A paz reinava naquela mansão até a chegada de Maria Luiza, nora daquela nobre senhora. Era uma moça jovem, bonita e mimada, que passou a exigir que o empregado de sua sogra a acompanhasse em suas saídas, alegando que ele dirigia bem, falava corretamente, tinha boa presença e era confiável. Apesar de conhecer bem o caráter de seu empregado, dona Vilma ficou pensativa. Nada disse, mas pressentia que algo ruim estava por vir.

O filho de dona Vilma era apaixonado pela esposa, atendia a todos os caprichos dela. Confiava plenamente nela e gostava que o empregado de confiança de sua mãe servisse sua esposa como motorista. Aprovava o comportamento do rapaz, pois era calmo, educado e sabia se portar.

Maria Luiza, cega pela vaidade feminina, começou a observar aquele bonito e honesto trabalhador. Então, passou-lhe pela mente: "Quero tê-lo como amante!". Aos poucos foi envolvendo o rapaz em suas artimanhas. Ele, sempre educado e respeitador, afastava-se com cuidado das brincadeiras da jovem senhora.

Ela irritava-se, sentia-se rejeitada. Então articulou um plano: contando com o apoio de uma inseparável amiga, inventou uma viagem. Elas programaram um chá beneficente em prol das crianças deficientes visuais. Prometeram que estariam de volta no fim da tarde. Mas entre elas já haviam planejado que ficariam em um hotel, onde seus planos seriam colocados em prática.

Dona Vilma sentiu uma pontada no coração quando viu seu empregado aguardando as jovens senhoras para levá-las ao seu destino. Assim que o viu, foi até ele e recomendou:

— Marcos, meu filho, tome cuidado na estrada. Sei que você é um bom motorista, mas, por favor, cuide-se.

O jovem, emocionado pela preocupação da boa senhora, respeitosamente lhe respondeu:

— Pode ficar tranquila, dona Vilma. Deus há de nos guiar. Muito obrigado pela sua gentileza em se preocupar comigo.

Como sempre, durante todo o percurso Maria Luiza tentou seduzir o jovem. Nas paradas pelas estradas ela insinuava-se de tal forma que ele ficava envergonhado e com medo.

Terminados os eventos nos quais as duas damas eram as principais homenageadas, Marcos deu graças a Deus, pois iriam voltar. Ele havia tomado uma decisão: pediria sua demissão. Trabalhava desde garoto para dona Vilma, que ele estimava acima de tudo, mas agora não tinha mais sossego em sua vida. Ele arrumaria outro emprego e viveria em paz consigo mesmo.

Já na estrada, Maria Luiza pediu:

— Marcos, por favor, entre à direita, pois vamos fazer umas compras. É coisa rápida. Deram para mim o endereço de um lugar que faz os melhores doces caseiros do mundo. Eu sou louca por esses doces.

Inocentemente, ele entrou pela estrada indicada por ela. Andaram por mais de meia hora e depararam com uma vila pequena e movimentada. Ela pediu que Marcos a acompanhasse, deixando o carro estacionado em um lugar seguro.

Marcos já estava perdendo a paciência, pois as moças não pareciam preocupadas com o horário. Já estava ficando escuro, e pegar a estrada durante a noite não era nada agradável. Carregado de pacotes, Marcos suspirou aliviado: "Até que enfim elas se decidiram!".

Ao chegar no pátio, ficou confuso procurando pelo carro no estacionamento.

— Meu Deus, eu estacionei o carro aqui! O que está acontecendo?

Logo descobriram que o carro havia sido roubado. Marcos ficou pálido e não sabia o que pensar. Maria Luiza, mostrando-se compreensiva, falou:

— Marcos, fique sossegado. Vou telefonar para casa e falarei com meu marido sobre o que aconteceu. Graças a Deus, todos os nossos carros estão no seguro!

Aproximando-se do rapaz, acrescentou:

— Eu assumo a culpa! Tirei você da nossa rota. Mas quem poderia imaginar que roubariam nosso carro? Bem, vamos manter a calma. Precisamos guardar esses pacotes e fazer a denúncia do roubo do veículo.

Ela parou e ficou pensativa. Depois de alguns instantes, decidida, disse:

— Vamos atravessar a rua, do outro lado tem um hotel. Ficaremos aqui esta noite, assim podemos fazer tudo o que precisa ser feito e depois descansar. Com certeza amanhã meu marido mandará um carro para nos apanhar.

A amiga concordou, e Marcos não tinha escolha. Então combinaram o seguinte: elas fariam as reservas no hotel, enquanto ele faria o registro do furto do veículo.

Assim foi feito. Marcos fez a queixa do furto. O delegado local já acionava a busca pelas redondezas, quando explicou que naquela pequena cidade dificilmente havia furtos de carros, apenas quando algum espertalhão vinha de fora, seguindo os visitantes: quando menos se esperava, ele roubava carros e mercadorias.

Quando Marcos retornou ao encontro das duas moças, viu que estavam à vontade. Maria Luiza explicou-lhe que já havia telefonado para a família, avisando-a que estavam hospedados em um bom hotel. E também disse para Marcos que não se preocupasse, pois o seguro logo resolveria tudo. Informou que no outro dia iriam embora, pois o marido mandaria um carro apanhá-los pela manhã. Pegou a chave do quarto e gentilmente disse:

— Vamos, vou lhe mostrar seu quarto.

Ela abriu a porta do quarto, e Marcos ficou observando o luxo do ambiente. Sobre a cama, uma bermuda, uma camiseta, uma cueca e um par de sandálias. Maria Luiza lhe disse sorrindo:

— Marcos, vá tomar um banho. Solte essa gravata e coloque essa roupa que está na cama. Comprei tudo isso aqui mesmo no hotel. Também compramos para nós uma muda de roupa para hoje. Esperamos você para jantar às 20h em ponto, está bem?

Ele concordou mecanicamente. A moça saiu deixando-o ainda parado. "Que aborrecimento!" Lembrou-se das palavras de dona Vilma. Sentou-se na cama observando o quarto e pensando: "Nunca dormi em um quarto tão luxuoso!". Lembrou-se de sua infância e de sua mãe correndo para a fábrica de tecidos onde trabalhava como tecelã. Ele ficava com sua avó: ia para a escola e durante a tarde brincava com os outros meninos na rua.

Foi então que se lembrou de uma frase que sua avó sempre dizia: "Quando percebemos que somos apenas um pequeno pássaro perto de uma cobra, devemos voar para bem longe e nunca lutar contra ela". Isso não é covardia é ter raciocínio! "Amanhã mesmo, assim que chegarmos, a primeira coisa que vou fazer é voar para longe. Vou fugir dessa serpente venenosa antes de ser engolido por ela", pensou ele.

Tomou banho, fez a barba, vestiu-se com a roupa que ela lhe deixou. Sentiu vergonha, mas seria a última vez que passaria por isso. Não conseguiu relaxar, e quando faltavam alguns minutos para as 20h desceu nervoso as escadas.

Elas ainda não tinham descido. Marcos estava lendo uma revista quando avistou as duas chegando. Maria Luiza estava bonita e provocante como sempre. O olhar dos homens voltavam-se para ela. Ele educadamente foi ao encontro das duas. Sentaram-se na mesa escolhida por Maria Luiza. E ela pediu uma garrafa do melhor vinho da casa. Tranquilamente comentou:

— Vamos tomar um bom vinho para relaxar. Marcos, você não está em serviço, e por isso eu me sentirei ofendida se você não partilhar conosco.

Ele pensou: "Bem, não vou dirigir hoje, nem amanhã, nem nunca mais! Pelo menos para ela". Nisso chegou o vinho, e as três taças se encheram. Maria Luiza ergueu a taça e disse:

— Vamos fazer um brinde! À nossa amizade.

Beberam aquela garrafa e mais duas. Ao som da música ao vivo, Marcos dançava com Maria Luiza, enquanto sua amiga se divertia com outro jovem.

Já passava das 23h. Marcos havia tomado mais dois aperitivos oferecidos por Maria Luzia. Ele não estava acostumado a beber tanto, transpirava. Maria Luzia então sugeriu que saíssem um pouco, a fim de respirar ar puro.

No jardim do hotel, envolvidos pela música e pelo álcool, beijaram-se apaixonadamente. Ao regressarem para o salão, a amiga de Maria Luiza já não estava mais lá. Eles subiram, e então ela lhe disse:

— Vou ao meu quarto pegar uma coisa. Logo estarei no seu quarto.

Ele, consciente do que poderia acontecer, ainda pediu:

— Dona Maria Luiza, peço-lhe, vamos parar por aqui! Vamos esquecer o que aconteceu no jardim. Vamos dormir, amanhã será outro dia.

Ela, agarrando-se a ele, disse:

— Você não imagina quanto sou infeliz no meu casamento! Ele é apenas de aparências. Eu te amo e não vou abrir mão de você por nada neste mundo.

Entrou com ele no quarto e jogou-se na cama. "Bem, não vou pegar nada no meu quarto." Despiu-se naturalmente, sem qualquer pudor. Sem perceber, Marcos já havia caído na armadilha dela.

Ele continuou trabalhando para a família, e seu caso com Maria Luiza tornava-se cada dia mais perigoso. Por muitas vezes ele tentou deixá-la, mas sem conseguir. Estava completamente apaixonado, faria qualquer coisa por ela, porém o remorso era demais. Dona Vilma não merecia o que ele estava fazendo com ela.

Um dia, como tudo o que é feito às escondidas sempre vem à tona, o marido descobriu o romance de sua esposa com o motorista. Com o orgulho ferido, foi ao encontro deles, pegando os dois juntos. Sacou a arma e atirou primeiro em Marcos, acertando-o no peito. Em seguida, deu um tiro em Maria Luiza e certificou-se de que os dois estivessem mortos. O crime que foi reconhecido como legítima defesa, então ele respondeu ao processo em liberdade.

Dona Vilma sofreu muito. Maria Luiza havia destruído a vida de dois homens maravilhosos: a do seu filho e a do seu fiel empregado, atrasando sua própria caminhada. Quando Dona Vilma desencarnou, ela foi para um lugar muito bonito e tranquilo, onde trabalhou como voluntária em várias colônias e, como prêmio, recebeu a permissão para procurar entes amigos e queridos. Ela pediu aos benfeitores que a levassem até o lugar onde Maria Luzia e Marcos estavam. Ela só seria feliz se pudesse encontrá-los e ajudá-los. Assim, seu superior consentiu e a levou ao local em que eles se encontravam.

Dona Vilma ainda estava abraçada ao jovem, que respirava melhor. Quando o socorro chegou, o oficial que nos acompanhava deu instruções para os socorristas, e nós ajudamos a acomodar o jovem na maca. O oficial estirou outra maca e disse:

— Senhora, por favor, deixe-me ajudá-la.

— Obrigada, meu bom senhor da Luz – respondeu ela –, mas ainda preciso ficar mais um pouco por aqui. Já encontrei Maria Luiza e Marcos, mas quero encontrar meu filho. Preciso andar mais um pouco, pois, como ele matou por ciúme e amor ferido, deve estar no "Vale dos Esquecidos". É para lá que vou seguir.

Vi no mental de dona Vilma que Maria Luiza era Maria Clara! Meu Deus, quanto amor refletia daquela criatura que no Umbral se arrastava para salvar seus entes amados. O oficial que nos acompanhava disse-lhe:

— Senhora, meus dois companheiros de missão percorrem o outro lado desta área. Vou me comunicar com eles para saber quais são as condições atuais para se chegar até o "Vale dos Esquecidos".

Enquanto os irmãos socorristas levavam rapidamente o corpo adormecido do jovem, eu olhava para aquela senhora de olhar bondoso, mas de aparência tão cansada, e admirava sua luta para ajudar a resgatar almas infelizes. Oramos em torno dela. Nosso instrutor deu-lhe um pouco de água energizada, e todos nós emitimos correntes de energia. Ela pareceu refazer-se.

Soubemos que o jovem seria socorrido e que, quando voltasse à consciência plena, faria um estágio no posto central do Umbral, onde Maria Clara deveria servir por um tempo, até a decisão do Pai Maior de liberá-la para cumprir suas obrigações na carne.

Meu Deus, como os humanos se enganam a respeito da morte, especialmente aqueles que pensam que vão descansar quando morrerem.

Por tudo isso, nós ganhamos mais uma aliada em nosso grupo: dona Vilma. Simpática e amorosa, transmitia para nós um amor maternal. Abraçando cada um de nós, animava-nos dizendo que a fé move montanhas.

Abraçada a ela, eu me lembrava do estado em que vi Maria Clara chegando ao posto da colônia, onde Sílvia trabalhava e se preparava para desenvolver seu novo projeto ao lado daquele que amava.

O oficial nos informou que, para irmos ao vale dos esquecidos, era preciso muita calma e o bom senso. Disse-nos ainda que colocássemos a razão de estar ali acima de tudo, e que não deveríamos nos deixar levar pelas emoções.

13.
VALE DO FOGO

Andamos por um estreito caminho e deparamos com uma área cuja atmosfera era muito quente, o chão era da cor de fogo, mas não víamos o sol por causa da fumaça vermelha espalhada no ar. Algumas pedras mal colocadas serviam de abrigo para espíritos que se sufocavam com o calor, mas eles não nos viam. Uns estirados no chão, outros sentados, alguns de pé, todos eles em um estado penoso. Pareciam caveiras com a pele grudada nos ossos, eram verdadeiros zumbis.

Meu Deus, como dona Vilma poderia reconhecer seu filho naquele lugar, se todas aquelas criaturas tinham a mesma aparência? Não dava para saber se eram homens ou mulheres. Não tinham aparência carnal nem espiritual, eram apenas caveiras vivas. Apertei a mão de Marieta, que tremia. Acredito que ela tenha pensado o mesmo. Ela procurava pelo irmão, sei que tinha esperança de encontrá-lo. Olhei para dona Vilma e vi lágrimas rolando pelo seu rosto.

Nosso instrutor falou-lhe algo que não pude ouvir, e ela balançou a cabeça demonstrando tristeza.

Entramos por um túnel que parecia uma fornalha – saía uma fumaça vermelha dele. Conseguimos atravessá-lo porque estávamos equipados. Ao sairmos daquele túnel de fogo, deparamos com um rio de labaredas. As labaredas subiam e baixavam, mostrando um rio de fogo que corria. Ficamos parados e só então percebi o que se passava ali.

Do outro lado da margem, um grupo de pessoas com aparência humana era arrastado por um redemoinho, que as trazia até o fogo cujas labaredas devoravam em instantes sua aparência humana e jogavam do outro lado as caveiras vivas e deformadas que deixamos para trás.

Confesso que fiquei assustada, vendo nos olhos dos meus irmãos do grupo o mesmo espanto. Nosso instrutor, calmo, deu-nos um pouco de água para beber.

Vi uma belíssima jovem chegando. Estava vestida ricamente e ornamentada com lindas joias. Com os olhos cheios de horror, ela gritava:

— Por favor, não façam isso comigo! Faço o que vocês quiserem, dou o que vocês me pedirem, mas não façam isso comigo, por favor.

Vi a moça sendo sugada pelas chamas. Em instantes, o rio a transportava para o outro lado. A linda moça, agora, era apenas uma caveira deformada, paralisada por um tempo.

Quando conseguiu se arrastar, saiu ofegante e totalmente debilitada – nada restava de sua aparência anterior.

Foi abrigar-se em uma fresta de pedra. Em seu mental, ela viu no que tinha se transformado.

Chegou um elegante senhor. Estava sério e compenetrado, não parecendo nem um pouco preocupado com o fogo. Trêmula e chocada com o que vi acontecer com a moça, estranhei a reação do senhor em não se importar com o fogo.

Ele foi engolido pelo fogo, mas as labaredas não o queimavam. Atravessou serena e calmamente, chegando ao outro lado da mesma forma que apareceu. Acenou olhando em nossa direção e veio ao nosso encontro. Muito simpático e cordial, apresentou-se como o coordenador. Logo percebemos que estávamos em um dos portões de entrada do Vale dos Esquecidos.

Contou-nos que havia sete portas de entrada para o Vale dos Esquecidos e que estávamos no portão do fogo. Para lá eram levados os irmãos que receberam novas oportunidades de resgatar seus débitos, mas que encarnados repetiram o mesmo erro.

Aquela moça cheia de joias era um exemplo: ela tinha assassinado um filho logo após o nascimento. Apenas ela e sua escrava conheceram aquela pobre criatura na Terra.

A infeliz negra enlouqueceu e terminou seus dias na mais triste situação, morrendo com o corpo cheio de feridas das picadas de insetos. Dormia no mato e quase não comia. Jamais imaginou que sua ama pudesse fazer o que fez, acreditava que assim que a criança nascesse ela mudaria de ideia.

Quando desencarnou, foi imediatamente socorrida e levada para uma colônia de repouso. Assim que readquiriu a consciência espiritual, começou a trabalhar na colônia que a recebeu.

A moça que vimos se transformar em uma caveira, de volta ao espírito passou pelo Umbral, foi reconhecida e perdoada pelo filho, sendo levada à colônia em que sua boa escrava trabalhava, onde recebeu todo carinho, ajuda e incentivo ao regresso da missão. Frequentou os cursos de reabilitação do espírito, preparou-se com todo esmero. Por livre e espontânea vontade, sua escrava se prontificou a renunciar a todos os direitos que havia conquistado pelo seu nobre trabalho para reencarnar ao lado dela, a fim de ajudá-la em suas tarefas.

Elas desceram juntas como gêmeas e nasceram em uma família de posição social elevada. Ficaram mocinhas, e era difícil distingui-las pela aparência – até seus pais se enganavam, pois eram idênticas! Mas uma coisa nelas era completamente diferente: a personalidade. Uma era simples, dócil, serena, meiga, compreensiva e responsável. A outra era agressiva, egoísta, orgulhosa, inquieta e irresponsável. Vivia arrumando encrencas e envolvendo a irmã.

A meiga mocinha cativava todas as pessoas, sua inteligência era admirada pelos mestres. Enquanto a irmã rebelde só pensava em prazer, não se interessando pelos estudos. Ela se interessou pelo jovem recém-chegado do exterior e que já assumia um alto posto no consulado do seu país. Ele parecia interessado na irmã meiga. Educado e atencioso, visitava sua família constantemente.

Quando elas completariam dezoito anos de idade, seus pais organizaram uma bonita festa para comemorar. O belo e requintado rapaz confirmou sua presença. A moça astuciosa arquitetou um plano: iria namorar aquele rapaz, ele não teria como fugir dos seus encantos.

Na festa, as duas irmãs vestiram-se iguais, da cabeça aos pés. Pela aparência, ninguém sabia quem era uma e quem era outra. Houve muitas brincadeiras com as duas moças. Tudo corria bem, os pais orgulhavam-se das duas pérolas que tinham como filhas.

O rapaz não se enganou, amava desde o primeiro momento a meiga e serena gêmea. O brilho em seus olhos era inconfundível. Ele havia aguardado aquele dia ansiosamente, pois esperou que ela completasse dezoito anos para pedi-la em namoro. Emocionado, mal podia esperar pelo início do baile. Se ela concordasse, anunciariam o namoro no final da festa.

Quando todos foram convidados para formar pares para a dança, a orgulhosa moça correu para perto do jovem, que, com toda educação que lhe era peculiar, disse-lhe:

— Espero que você não fique zangada comigo, mas já escolhi a dama que desejo como companhia. Caso ela não me aceite, terei prazer em ficar conversando com seus pais e não participarei do baile.

Ela ficou vermelha de vergonha, jamais fora recusada por rapaz algum. Quem seria a tal escolhida dele? Foi então que tomou um susto ao ver o jovem se dirigindo à sua irmã, e esta lhe abrindo um sorriso e estendendo a mão.

O baile durou praticamente a noite toda, e a vaidosa irmã fingia estar muito feliz, mas sua vontade era quebrar tudo o que via pela frente, avançar sobre a irmã e acabar com ela. Pensava: "Essa falsa com ar de boazinha atrapalha minha vida, não suporto mais ver as pessoas elogiando seu comportamento".

Lembrava-se de que uma de suas tias havia lhe criticado por algo que tinha feito, citando sua irmã como exemplo:

— Por que não faz como sua irmã? Ela é tão diferente de você.

Estava apaixonada por aquele rapaz, não tinha comentado com ninguém, ele não saía de sua cabeça – um idiota que lhe deu tantas esperanças, mas escolheu sua irmã, e não ela. Uma coisa era certa: se ele não ficasse com ela, com sua irmã também não ficaria.

No final da festa, os dois anunciaram o namoro. A vaidosa irmã também anunciou seu namoro com um jovem bem-sucedido. Ela arquitetou bem seu plano, sua irmã não perdia por esperar. Fingindo alegria, abraçou os dois, dizendo estar muito feliz por eles. A ingênua irmã acreditou na sinceridade da outra, que por dentro ardia de ódio e rancor.

O jovem passou a frequentar a casa das irmãs. Depois de seis meses, os jovens apaixonados já estavam noivos, de casamento marcado. A falsa irmã aproximava-se do futuro cunhado fingindo inocência e simpatia por ele. Nesse meio-tempo, ela namorou vários rapazes sem se apegar a nenhum deles.

Jovem, bonita e maliciosa, deixava os rapazes completamente loucos de paixão. Um deles, muito ingênuo, honesto, sincero e apaixonado, seria usado como instrumento de sua vingança.

Aproximava-se o fim de ano, e os pais sugeriram que fizessem uma viagem. Elas poderiam convidar seus namorados. Então, a maldosa irmã, pedindo segredo para a outra, combinou que usariam a mesma roupa e o mesmo penteado para fazer uma brincadeira com seus namorados. Ela iria ao encontro do noivo da irmã, e a irmã ao encontro do seu namorado. E, claro, como era apenas uma brincadeira, antes de eles tentarem abraçá-las, elas deveriam contar-lhes a verdade.

A moça, inocente, não aprovou a ideia, mas acabou aceitando a brincadeira para não contrariar a irmã, já que parecia tão animada e nos últimos tempos havia mudado tanto – não brigava mais com ela e dava muito apoio ao seu casamento.

Conforme combinaram, foram ao encontro deles no iate que as levariam à morte. Antes de sair de casa, a maldosa irmã pegou um copo d'água, abriu a bolsa e tirou dela dois comprimidos. Colocou um na boca e ofereceu o outro para a irmã, dizendo:

— Isso evita enjoos, vamos nos prevenir.

A outra olhou para ela com admiração. Era muito prevenida – nem lhe passou pela cabeça que poderia sentir enjoos. Ainda bem que sua irmã lembrou. Ao sair, no caminho, a moça reclamou que estava sentindo tonturas. A outra lhe respondeu:

— Isso logo passa. É assim mesmo, são reações do remédio. Eu também estou sentindo.

Porém os comprimidos que elas tomaram eram bem diferentes um do outro.

Chegando ao destino, os dois estavam esperando por suas amadas. A maliciosa como uma serpente enroscou-se no pescoço do futuro cunhado. Usava o perfume da irmã e perfumou sua irmã com o seu. A vítima estava completamente fora de si. A droga ingerida já fazia efeito. Ela abraçou-se ao namorado da irmã, que nada desconfiou, pois era o comportamento normal dela. Não demorou muito e aconteceu o inevitável. Como um pássaro indefeso, a pobre moça caiu na armadilha que a irmã havia lhe preparado.

A maliciosa estudou e se preparou para imitar sua irmã em todos gestos e detalhes. Conseguiu enganar o honesto rapaz. Tudo o que planejou deu certo, sorria satisfeita, pois agora ele era seu.

Já amanhecia quando a traidora correu até onde sua irmã estava. Sacudida com força, ela abriu os olhos e os sentidos lhe voltaram: sentia ânsia de vômito, e a cabeça explodia de dor. Olhou ao seu redor, percebeu onde estava e teve uma vaga lembrança da noite anterior. Viu ao seu lado o namorado da irmã, que dormia completamente despido. Quis gritar, mas a outra lhe tapou a boca.

A pequena embarcação as levou à beira da praia, enquanto os rapazes dormiam ainda pelo efeito do remédio colocado em suas bebidas. Cambaleante e sem forças, fazendo um sacrifício sobre-humano, a meiga criatura conseguiu chegar em casa arrastada pela astuciosa irmã.

Esta a forçou a beber café e a deitar-se. Por volta das onze horas da manhã, as duas já estavam sentadas na cama. Grossas lágrimas desciam dos olhos da meiga menina. A outra dizia:

— Você dormiu com meu namorado, que a desonrou. Eu dormi com seu noivo, que me desonrou também. Não quero casar com meu namorado em hipótese alguma, e creio que você não terá coragem de enganar seu noivo, não é mesmo? A melhor coisa que nós duas temos a fazer é o seguinte: romper com eles e guardar em segredo a besteira que fizemos. Aqueles comprimidos não nos fizeram bem.

Sem argumento, a pobre menina caiu doente, com febre alta, vômito, dores no peito. Estava magra e pálida, não tinha mais aquele brilho no olhar. Chamou os pais.

A moça terminou o noivado, alegando ter descoberto que não era aquilo que desejava para sua vida. O rapaz não se conformava, não conseguia entender sua mudança repentina.

Procurou a irmã da noiva. Ela lhe disse que já havia dado muitos conselhos e que sua irmã realmente estava decidida a não voltar atrás. Ele afastou-se triste e acabrunhado, empenhou-se no trabalho, tentando esquecer a dor que lhe deixou sua amada. O outro rapaz, após várias tentativas de reconciliação com sua amada, começou a beber e desapareceu.

Dois meses depois, a maldosa moça que destruiu a própria vida, a da irmã e a de dois jovens honestos e trabalhadores preparava-se para atrasar a caminhada de um espírito, pois estava nervosa com sua descoberta.

Por um momento ouviu os mentores implorando para que ela parasse com suas maldades, e pensou: "Bem que eu poderia ter esse filho! Era um meio de me vingar dela. Mas é claro que não vou fazer essa besteira. Ter um filho!". Sorriu, já estava decidida que iria se livrar dele, e assim o fez: às escondidas, encontrou um meio de fazer o aborto.

Se ela tivesse deixado essa criança nascer, mesmo achando que era por vingança, não teria contraído a mesma dívida nem passaria pelo Vale do Fogo.

Dessa vez, somente Deus foi testemunha de seu crime: livre da criança, ela planejava conquistar o ex-noivo de sua irmã. Acompanhava seus passos, e esperaria a hora certa para atacá-lo.

Sua irmã contraiu tuberculose, e em pouco mais de três meses estava irreconhecível. O ex-noivo tomou conhecimento de sua doença e ficou desesperado. Então era isso: sua amada descobriu que estava doente e não queria comprometer a vida dele.

Nos últimos dias, ele ia à casa da moça sempre, ficava segurando a mão dela e falando de amor. Ela não falava, mas os olhos brilhavam. As lágrimas rolavam pelo canto do olho.

Era outono, pela janela aberta entrava uma brisa morna que soprava até a cama da doente. Ela olhava para o rapaz e para o céu, quando inesperadamente abriu um sorriso e falou:

— Eu te amo, vou sempre te amar – fechou os olhos e morreu.

A irmã parecia inconsolável – nada mais teria sentido na sua vida, ela falava aos prantos. O rapaz, que ficou muito abalado com a morte de sua amada, continuou a visitar a família.

Seis meses depois da morte da moça, o ex-noivo já marcava a data de casamento com a irmã gêmea, que se sentia a pessoa mais feliz do mundo – afinal de contas, seu sonho iria se realizar.

Voltando ao plano espiritual, a antiga benfeitora recebeu um tratamento de recuperação e fez terapia espiritual. Logo se recuperou dos traumas na carne e voltou às funções deixadas na colônia.

A ingrata viveu em plena felicidade física, jamais se culpando de nada. Conservou na mente a vaidade e o orgulho. Desencarnou velhinha na matéria, mas no seu mental via-se jovem, linda, vaidosa e orgulhosa.

Todos nós conservamos no espírito a aparência que imaginamos ter, embora aos olhos de outros irmãos nem sempre essa imagem seja tão bela.

Eu estava pensativa, analisando o que seria daquela irmã. Nosso instrutor então respondeu à minha pergunta para o grupo:

— Ela vai aos poucos se lembrar de todas as suas passagens, de todas as oportunidades que recebeu. Vai se conscientizar do trabalho que deu aos mestres, do espaço que ocupou nas colônias de regeneração, de quantos benefícios usufruiu. Ela foi responsável pelo atraso de outros espíritos, então vai precisar lutar muito para reconquistar sua liberdade. Deus, sendo um pai justo, está lhe dando a oportunidade de se reabilitar quando começar a reconhecer seus erros e buscar Deus com sinceridade.

Oramos por ela, enquanto o coordenador da área e o oficial conversavam. O oficial comunicou que nos deixaria na companhia do coordenador da área, e este poderia entrar em contato com ele a qualquer momento se fosse necessário.

Tanto o oficial quanto o coordenador da área portavam aparelhos idênticos ao que Sílvia havia me mostrado, com várias luzes que acendiam a cada instante. Ao apertar um botão, poderiam avisar se alguém pedia socorro ou se estavam recebendo novos internos.

Agradecemos ao oficial. Nosso instrutor continuou conversando com ele um pouco afastado do grupo. Voltou sorrindo e disse:

— Dona Vilma, pode continuar conosco.

Percebi que dona Vilma e Marieta estavam sintonizadas uma com a outra, ou seja, as duas tinham o mesmo pensamento: a esperança de encontrar seus entes queridos.

O senhor Porfírio era nosso guia dali para a frente. Ele, então, sugeriu o seguinte:

— Vamos dar as mãos e passar equilíbrio um para o outro.

Ele se colocou frente a frente com nosso instrutor, e nós ficamos entre os dois. Fizemos uma roda, de tal maneira que todos se sintonizavam. Vi que das mãos do nosso instrutor e do senhor Porfírio saíam raios de luz que se projetavam sobre nós. Senti-me fortalecida e vi que as pessoas do nosso grupo estavam transparentes.

Nosso acompanhante disse:

— Vou levá-los para conhecer os outros seis portões da minha área. O regulamento é o seguinte: não se desviem dos bons pensamentos, não se deixem levar pelas emoções ou sofrerão grandes danos espirituais. A principal regra é: estejam ligados mentalmente ao instrutor de vocês, transmitirei apenas a ele as cargas positivas. Não se liguem em meu mental, e sim no instrutor de vocês. Obedeçam a todas as ordens recebidas, mantenham-se firmes, não dispersem do grupo, procurem ficar juntos o tempo todo. Asseguro-lhes que se todos colaborarem faremos um belíssimo trabalho. Conto com a luz de cada um de vocês para me auxiliar no caminho. Acompanho diariamente grupos de alunos que chegam de todas as esferas e, infelizmente, nem todos se saem bem. Vocês estão aqui por livre e espontânea vontade, não é mesmo?

Todos nós concordamos.

— Cada um deve responder pelas suas decisões – acrescentou. – Se de repente algum de vocês resolver ficar por aqui, será bem aceito, como é o caso da senhora Vilma. Ela ficou como voluntária e está colaborando conosco. Mas ela poderia ter ficado em depressão e caído com os irmãos sofredores. Por isso espero que todos vocês tenham sucesso nessa caminhada como dona Vilma teve. Eu trabalho nessa área há mais de trinta anos, gosto do que faço. Já recebi várias propostas de trabalho fora daqui, mas me sinto feliz e não me entristece ver o sofrimento neste vale, porque posso doar um pouco da minha alegria.

Nosso acompanhante continuou falando:

— De vez em quando saio para auxiliar em algum resgate difícil em áreas terrenas. Formamos equipes voluntárias e, com as graças do Senhor, sempre tivemos sucesso. Acabado nosso trabalho, volto à minha área, pois estou sempre disposto a servir. Apesar de poder escolher a liberdade, prefiro trabalhar nesta área. No sofrimento, podemos levar um pouco de esperança e de alegria, e é isso que gosto de fazer. Na área em que trabalho, há sete colônias de segurança máxima, guardadas por sete portões. Eu mesmo me chamo de coordenador da área, mas sou, literalmente, guardião. Bem, pessoal, vamos seguir? Afinal de contas, ainda restam seis portões para vocês entrarem e percorrerem a área.

Enquanto falava conosco, notei que ele havia apertado o botão umas vinte vezes e fiquei corada quando me respondeu:

— É, senhorita, aqui as chamadas não param, dia e noite vejo essas luzes que piscam para mim, chamando-me a toda hora. É, minha cara, a vida é uma bênção de Deus. Se todas as criaturas se conscientizassem de seus deveres, poupariam-nos de todas essas preocupações. Um dia eu gostaria de ver todos esses portões abertos, iluminados e floridos, os campos repletos de flores e frutos. Queria ver multidões de rostos rosados, mãos dadas entoando canções de amor. Quero acompanhar os alunos de todas as esferas e poder mostrar nosso trabalho, quero poder trocar ideias iluminadas e jamais ouvir falar da dor, da doença, da queda. Só o amor constrói, e eu dedico todo o meu amor à construção de uma vida melhor e mais consciente. E sei que não estou perdendo meu tempo: confio em Deus e sou por Ele amparado.

Acompanhamos nosso guia, andando em estreitos corredores. De dois em dois, começamos a entrar no rio de fogo. Ligados ao mental do nosso instrutor, recebíamos muita energia. Entramos naquele lençol de fogo e nada sentíamos, passávamos lentamente. Vi várias pessoas sendo consumidas pelo fogo, os gritos penetravam nossa mente de forma dolorosa.

O tempo que levamos atravessando o rio de fogo, em relação ao tempo terreno, foi de mais ou menos cinco minutos. Apenas deslizávamos sem nada sentir em nosso corpo espiritual. Passamos por muitos espíritos, mas nenhum deles percebeu nossa presença. Homens e mulheres eram empurrados para a beira do rio, mas, como já expliquei anteriormente, nenhum dos guardas encostava um dedo neles. Eles usavam apenas a força do pensamento.

14.
Vale da Solidão

Saímos por uma estrada de terra seca, entramos em uma galeria, atravessamos um túnel estreito e comprido – andamos por cerca de quarenta e cinco minutos, pelo horário terreno.

Antes de sairmos da galeria, o senhor Porfírio e nosso instrutor fizeram uma parada, ofereceram-nos um pouco de água, que aceitamos de bom grado. Fizemos uma pausa para a oração. Dona Vilma fez uma prece de agradecimento da seguinte forma:

Pai celestial, Vós tendes amparado nossos passos até aqui,
Não nos desampare, Senhor, por essa estrada tão dolorosa,
Fortalecei esses Vossos filhos, na Luz do Espírito Santo,
A fim de cumprirmos nossa missão.

Seguimos adiante, chegando a um dos portões citados pelo nosso guia. Um mar de sangue se estendia à nossa frente, com várias pessoas se afogando – agitado, ele formava ondas enormes.

Muitos irmãos gritavam, estendiam as mãos, agarrando-se uns aos outros, afundavam e se levantavam, nadavam sem nunca conseguir chegar perto da margem, pois eram empurrados para trás pelas ondas de sangue vivo.

Agarrei-me mentalmente ao meu instrutor e recebi suas explicações: "Esses irmãos, que você está vendo nesse mar de sangue, praticaram o mesmo crime por mais de uma encarnação. Nada mais justo que, ao regressar de seus estágios terrenos, fiquem imersos não na Luz que desprezaram, mas no sangue que derramaram dos filhos de Deus".

Então ele nos instruiu mentalmente: "Como vocês podem comprovar, todo sofrimento está ligado apenas à consciência de cada um. Nós passamos pelo Vale do Fogo e nada nos aconteceu! Da mesma forma, logo mais vamos atravessar o mar de sangue e nada sofreremos. Vamos fazer uma prece com o pensamento elevado ao Criador, e acompanhar com todo o carinho o caso escolhido para apreciação de vocês. Controlem suas emoções, vocês estão aqui para aprender, crescer e prosperar".

Vimos um homem, que parecia morto, boiando sobre as ondas de sangue. Aos poucos ele foi sendo trazido e empurrado para fora. Estava inconsciente. O guardião acionou sua máquina, e logo chegou o resgate.

Antes de ser colocado na maca, passaram por todo o corpo dele algo como um pequeno aparelho de sucção. No carro, antes de acomodá-lo, uma máquina que se assemelhava a um gigante aspirador jogava um líquido esverdeado sobre o corpo do infeliz, deu sinais de vida.

O sangue foi limpo do seu corpo, e então acompanhamos sua história. Em sua penúltima encarnação, ele chefiou uma organização secreta, matando muitos inocentes em nome de sua lei. Casou-se com uma moça de boa índole, mas envenenado por inimigos desejosos de derrubá-lo em sua carreira, foi vítima de uma armadilha bem elaborada, em que todas as evidências provavam a traição de sua esposa enquanto ele esteve fora de casa.

Ele não hesitou e trancou a pobre mulher com os dois filhos, de dois e de quatro anos. Nós o vimos cheio de ira, levando aos empurrões sua esposa e as duas crianças. Dominado pelo ódio, falava em voz alta:

— Você gerou esses filhos que acredito que não são meus, e agora vai sofrer vendo-os se acabarem.

Sem o menor remorso, virou as costas deixando os três esperando pela morte. A partir desse dia, começou a matar mulheres e crianças sem a menor piedade, dizendo-lhes ainda:

— Estou fazendo um favor a vocês.

Transformou-se em um ser violento e cruel. As mulheres que tiveram a infelicidade de se apaixonar por ele jamais voltariam a viver.

Era cavalheiro e gentil com as mulheres que desejava possuir, mas não ficava mais que alguns meses com elas. Caso engravidassem, matava-as dizendo:

— Faço isso porque te amo.

Ao desencarnar, passou muito tempo no Vale dos Assassinos. Sofreu todas as tormentas até reencontrar um pouco de equilíbrio e ser socorrido graças às orações e à luta de sua esposa e de seus filhos.

Inteligente e muito capaz, foi preparado para uma nova caminhada – dessa vez ele estava confiante. Apoiado por muitos amigos e entes amados, estava preparado para a grande missão.

Agora tudo seria diferente, mais uma vez aquela luz em forma de mulher o estava ajudando, sua esposa seria sua mãe em nova vida. Seus filhos seriam seus irmãos. Na verdade, foram vários os espíritos dos quais ele atrasou a caminhada. Sua ficha espiritual não era das melhores. Mas Deus lhe deu outra oportunidade.

Seria professor, trabalharia ensinando, educando, preparando os filhos de Deus para o progresso. Não casaria com mulher nenhuma e jamais conheceria o sexo na carne. Voltaria à Terra para dedicar-se exclusivamente à educação e à religião.

Uma vez na Terra, seus caminhos tornaram-se difíceis, ele começou a revoltar-se com a vitória alheia, esquecendo-se do acordo espiritual. Sabia ser competente e não aceitava ver que outros menos esclarecidos recebessem o que ele acreditava merecer.

Fez de sua inteligência um canal de comunicação com o mal. Por mais que sua mãe o instruísse nos caminhos de Deus, ele lhe virava as costas, não dando ouvidos àquela que veio como uma luz para guiá-lo.

Descobriu, ainda jovem, que não tinha afinidades com mulheres, e logo foi envolvido por espíritos idênticos entrando para o mundo do pecado. Assumiu um nome feminino e abraçou as plateias masculinas, usando seu dom para desenvolver shows eróticos.

Virou as costas para a escola, que era seu campo de trabalho. Se não olhava nem sequer para o céu, imagine pensar em Deus! Transformou-se em um ser vil – para ele, só interessavam o dinheiro, o luxo e a ambição.

Deixou a família e partiu para longe com seus comparsas. Entrou para o mundo do crime e se envolveu facilmente com bebidas e drogas.

Aos quarenta anos de idade, foi encontrado morto em seu luxuoso apartamento. Os médicos constataram: abuso de drogas e álcool. Tudo se acabou para ele na Terra: a carreira, o luxo, os amigos, a bebida e as drogas. Agora ele voltava à realidade, ao mundo dos espíritos.

Levado ao rio de sangue por não ter lavado sua alma, ali ficou consciente até desfalecer e pedir clemência a Deus. Estava sendo socorrido, mais uma vez, mas seu futuro só a Deus pertencia, pois ele acumulou muitas dívidas em suas passagens. Nós vimos apenas a penúltima e a última encarnação. Quantas oportunidades perdidas...

Fiquei a meditar: "Como uma pessoa dotada de tanta inteligência se deixa levar tão facilmente na carne?". O guardião me respondeu: "A inteligência sem humildade é uma lâmina na mão de uma criança. O espírito, quando desencarnado, deve lustrá-la diariamente. Quando encarnado, deve usá-la sem vaidade e conservá-la como o um bem que pertence a Deus".

Fizemos uma oração vibrando no mental daquele infeliz irmão. Precisávamos continuar com nossa missão.

Seguindo as mesmas instruções atravessamos o rio de sangue, e não fomos atingidos por ele. À medida que caminhávamos na escuridão, iluminados pelas lanternas que recebemos como parte do equipamento, nada mais se via. Ouvíamos asas que se debatiam com nossa passagem.

Gritos acompanhados de gemidos chegavam aos nossos ouvidos. Orávamos de mãos dadas, andando de dois em dois – um transmitia força para o outro.

Dona Vilma amparava Marieta. Passamos por um longo túnel e saímos em um lugar que nos pareceu, em um primeiro momento, um daqueles pesadelos que acreditamos ser verdadeiro. O lugar era nebuloso, frio e silencioso, ali não ouvíamos som algum. Árvores secas aqui e acolá cobertas de gelo, que caía em forma de neve. Montanhas de gelo completavam a visão nebulosa.

O coordenador, senhor Porfírio, nos esclareceu que ali era o Vale da Solidão. Todos os que estavam ali não se percebiam, não ouviam nada a não ser a voz de sua própria consciência. Ali era o internato dos irmãos que abusaram da palavra, aqueles que profanaram o nome de Deus em vão, prestando falso testemunho e levando seus filhos à destruição.

Ele havia escolhido um caso para nos apresentar. Passávamos por muitos irmãos encolhidos, encostados aos troncos das árvores, alguns com braços cruzados em torno dos joelhos e os olhos parados, pareciam mortos-vivos.

O silêncio daquele lugar era de causar pavor em qualquer ser. Sentia-se na alma exatamente o que queriam dizer solidão, desprezo, abandono. Não se podia ouvir a própria respiração, apenas a voz da consciência ao longe, acusando, cobrando, humilhando.

Chegamos perto de um tronco seco. Recostado nele, um homem de braços cruzados, com a cabeça deitada nos joelhos. Chorava como uma criança perdida.

Ele não percebeu nossa presença. Nosso instrutor nos chamou a atenção para sintonizar com ele e entender o porquê de sua estadia no Vale da Solidão, da tristeza e do esquecimento. Logo nós estávamos vendo e ouvindo sua história. Ele tinha o dom da oratória. Cativava a todos com sua voz bonita, forte e vibrante. Em sua penúltima passagem, usou esse dom magnífico que Deus lhe concedeu e desviou muitos rebanhos do caminho do Senhor. Com seu magnetismo, convertia seus ouvintes, sendo um dos maiores colaboradores da guerra que durou anos a fio, levando alguns países à miséria total. Multidões de almas caíram nas trevas influenciadas por ele.

De volta ao mundo dos espíritos, ficou em regime fechado por vários anos, conheceu praticamente todos os castigos dos presídios espirituais. Estagiou em todas as áreas de limpeza espiritual do Umbral[2].

O irmão em débito foi, aos poucos, enfraquecendo na maldade e fortalecendo-se na fé. Por livre e espontânea vontade, começou a trabalhar como voluntário nas regiões inferiores.

---

2 O Umbral, por mais penoso que pensamos que seja, segundo os mentores, é a Zona de Limpeza Espiritual.

Completamente consciente de seus erros, pediu a Deus uma oportunidade, queria voltar e resgatar parte de suas dívidas. Durante um bom tempo, ele se preparou para o regresso. Amigos espirituais incentivaram seu espírito, preparando-o para a grande maratona: voltar à carne.

O dom que Deus dá a cada um de seus filhos Ele jamais tira. Nós perdemos quando nos descuidamos na carne e, ao tomar conhecimento da perda, lutamos desesperadamente para reaver nosso dom natural, que é nossa maior riqueza.

Preparou-se para ingressar no mundo da carne e tornar-se conhecido mundialmente como o jornalista que iria defender a vida, vasculhando e denunciando o crime contra pessoas inocentes e desprotegidas. Ele voltou animadíssimo. Nasceu no seio de uma família de classe média alta. Logo se destacou entre seus colegas de escola, pois ganhava todos os concursos infantis de leitura, encantava a todos com sua voz forte e agradável.

Ainda muito jovem, ingressou na carreira jornalística e estava indo muito bem. Venceu um concurso de melhor jornalista da época. Suas reportagens eram disputadas, e seu trabalho, temido e respeitado no mundo inteiro.

Aos poucos ele foi se deixando levar pela vaidade e pelo orgulho, esquecendo-se de seus compromissos espirituais. Entrou no mundo da política e a partir daí, espiritualmente, veio a decadência total.

Casou-se com uma excêntrica milionária, filha de um representante de uma grande nação. Ela era bela, arrogante e cruel. Exibia o marido como se fosse um troféu, e ele converteu toda sua reputação em maldades.

Muitos inocentes foram condenados à morte com a ajuda dele. Como porta-voz do sogro, aquele ilustre representante da nação, transformou-se em uma fera humana. Sentia prazer e orgulho em ver a queda daqueles a quem tomasse como inimigo.

Era respeitadíssimo no mundo inteiro como um dos homens mais inteligentes do planeta. Quando, dormindo, era alertado pelos amigos espirituais, zombava de seus próprios sonhos. Provocou muitas revoltas e massacres entre milhões de inocentes. Sua loucura era tanta que ele brincava e se divertia com seu poder, dizendo ser um deus.

Acurralado pelas organizações mundiais, viveu aprisionado como um animal fugitivo, desencarnando em péssimas condições físicas. A doença lhe apodreceu tanto a carne quanto a mente. Mal acabou de desencarnar, foi aprisionado e levado ao Vale da Solidão. Ele via, revia e ouvia o que sua própria consciência lhe cobrava. Estava completamente consciente, nada falava, nada pedia.

A vergonha lhe vinha à mente. Quantas oportunidades havia recebido, quantos mestres dedicaram a ele um grande tempo em vão. Ensinaram-lhe tantas coisas que jamais praticou. Ele teve uma grande chance e, mais uma vez, foi mau-caráter, usou o dom que Deus lhe havia dado para afundar nas trevas.

Ele jamais queria viver, não podia pedir perdão a Deus. Ele não se sentia digno nem mesmo de pensar em Deus. Ficaria ali sem se mover eternamente, jamais se ergueria novamente, pois era um monstro, e todo monstro deve ser aprisionado.

Ele revia todas as cenas de sua vivência na carne. Quantas vidas ele destruiu! Imaginava que, se Deus resolvesse lhe dar uma oportunidade, ele precisaria reencarnar por muitos e muitos séculos para reparar todas as suas maldades.

Quando encarnado, ele tinha fascinação por fogo. Mandava queimar lugares e pessoas para ficar olhando as labaredas subirem. E falava para seus comparsas:

— Eu adoro ver o fogo lambendo tudo, deixando, outra vez, a terra vazia.

Então abria um sorriso doentio, dizendo para si mesmo: "Agora, sim, o mundo está livre de mim, com certeza sou o Lúcifer".

Em sua crise de loucura, agradecia a Deus por tê-lo aprisionado ali, sozinho, abandonado, longe de tudo e de todos. Reconhecia toda a sua maldade, todos os seus crimes. Ele nunca poderia reparar o que tinha feito com milhões e milhões de pessoas inocentes.

De repente, ele parou de respirar. Olhamos no seu mental: ali estava uma mulher dócil e iluminada que sorria para ele e o chamava de filho. Ele, fechando os olhos gritava:

— Não me chame de filho, não me chame de meu filho! Sou apenas um monstro!

Nós oramos e logo percebemos que ele voltou a respirar. Ouvimos nitidamente aquela voz serena que nos pedia:

— Por favor, orem por esse filho de Deus. Esse pobre irmão está caído nesta região há tantos anos. Ele já está limpo das chagas maiores. Eu sou sua mãe e me responsabilizo por ele diante de Deus. Assim que meu filho estiver em condições de responder ao Supremo Tribunal Divino, ele cumprirá sua sentença, mas no momento, meus amados irmãos, ele é apenas um mendigo espiritual.

Nosso instrutor e o coordenador Porfírio elevaram suas mãos em direção ao doente, e raios de luz cobriam todo o corpo do infeliz, que se contorcia. Vimos quando ele caiu de lado, perdendo por completo os sentidos. O senhor Porfírio acionou o chamado de resgate e nos disse:

— Logo o socorro recolherá esse infeliz irmão.

Aquela imagem iluminada derramava lágrimas, enquanto nos agradecia:

— Meus amados irmãos, jamais esquecerei a ajuda que acabo de receber de cada um de vocês.

Dona Vilma também chorava. As lágrimas escorriam pelo rosto, eram dois fachos de luz. Emocionada, ela recitou uma oração de agradecimento.

Nosso instrutor e o senhor Porfírio ajudaram a colocá-lo na maca, trocaram algumas palavras de cortesia com o pessoal do resgate. Estes se afastaram levando nosso irmão. Ele iria para um sanatório perto da crosta terrestre, onde sua mãe trabalhava como voluntária. Assim que recobrasse a consciência, faria um tratamento adequado.

O guardião senhor Porfírio explicou-nos que assim que ele estivesse em condições psicológicas começaria sua maratona: deveria reencarnar várias vezes em sequência. Nasceria em um país onde iria padecer pela fome; logo em seguida, voltaria como deficiente físico, mental. Ficaria encarnado por, no máximo, treze anos. Deveria reencarnar nove vezes dentro de um século. Quem sabe em breve estaria curado?

Pensei, orando: "Na carne, cem anos parecem uma eternidade, mas no espírito é tão pouco tempo". Olhei mais uma vez para o Vale da Solidão. O silêncio daquele lugar é bem pior que os gritos e os gemidos de certas regiões. Apertei a mão da minha amiga Marieta, que me olhava, e percebi quão aflita ela estava diante de tanto sofrimento.

Nosso instrutor nos alertou para a lição que acabávamos de receber: todos aqueles que por vaidade chamam sobre si a atenção dos outros, absorvendo para si toda a atenção sem retribuí-la na mesma medida ao seu próximo, certamente fará um estágio maior ou menor no Vale da Solidão. Nenhum espírito sai dali consciente. Todos são levados a sanatórios. O silêncio reduz o espírito à perda total da memória.

15.
VALE DOS AVARENTOS

No mesmo esquema, seguimos nossos instrutores. Atravessamos uma ponte escura que era sacudida por um vento muito forte. Fomos informados de que estávamos indo ao Vale dos Avarentos e que devíamos continuar mantendo o equilíbrio emocional.

Entramos em um túnel. A entrada para cada região era feita por túneis escuros e estreitos. Andamos por muito tempo e deparamos com um vale verde e ensolarado. Fiquei fascinada. Havia árvores floridas e cheias de frutos, pássaros coloridos sobrevoando, água pura e cristalina escorrendo entre as cascatas de bonitas pedras. A terra fértil era coberta por uma grama verde e saudável. Parecia um paraíso.

Paramos, sentamos no gramado observando a beleza que se estendia à nossa volta. O guardião convidou nosso instrutor e, pedindo-nos licença, recomendou-nos que permanecêssemos no mesmo lugar. Saíram avisando que logo voltariam.

Deitamos na grama. O sol batia em nosso rosto, o ar limpo enchia nossos pulmões. Enquanto olhava para o céu azul e límpido, pensava: "Realmente, Deus está em todas as partes. Que bênção este lugar".

Marieta chegou perto de mim e falou:

— Rosa, por que será que chamam de Vale dos Avarentos um lugar tão belo e calmo? Parece desabitado. Tudo aqui é conservado e intacto, você reparou nisso?

— Tem razão, Marieta. Sinceramente, eu não havia prestado atenção nesse detalhe.

Os dois mestres já retornavam com os braços cheios de frutos variados. Ofereceu-nos recomendando que deveríamos comer para nos fortalecer, pois já estávamos sem alimentação por um bom tempo. Comemos à vontade, bebemos água cristalina, e nosso instrutor nos recomendou repousar até que ele nos chamasse.

Que sono maravilhoso! Acordei me sentindo totalmente recuperada. Reparei que todos estavam com uma aparência ótima.

— Bem, pessoal – disse o guardião –, vamos seguir adiante.

Saímos obedientes ao mesmo ritual. Não era porque o lugar não demonstrava perigo que deveríamos abusar, foi o que nos alertou o instrutor.

O ar perfumado e a belíssima paisagem logo nos mostravam o porquê de o lugar se chamar Vale dos Avarentos. Depois da trilha por onde entramos, o ambiente estava lotado de irmãos pendurados de cabeça para baixo, variando entre três e dez metros de altura do chão.

Lutavam entre si, empurravam-se e agrediam-se. Alguns se uniam, uns segurando os pés dos outros, tentando empurrá-los para baixo – todos eles tinham em mente um desejo: chegar ao chão! Estavam famintos.

Era um quadro deprimente, homens e mulheres em estado desesperador. Não nos viam nem sentiam nossa presença, tamanha era a cegueira deles. O vale se tornava sombrio com tanta gente pendurada. Imagine, você aí na Terra: de repente todas as pessoas andando de cabeça para baixo, entre três e dez metros acima do solo, tentando alcançar algo para comer.

O coordenador nos levou a uma mulher que nada fazia a não ser rezar. Olhos fechados, mãos cruzadas sobre o peito, orava em silêncio. Ao seu redor, uma luz circulava a amparando. Paramos e começamos a orar com ela, e logo todos nós ouvíamos seu pensamento:

"Meu Jesus Cristo! Sou indigna de Vos pedir misericórdia, pois aproveitei-me, Senhor, de tudo quanto Vós me confiastes. A maldade que pratiquei na Terra não merece perdão. Não posso dizer, meu Senhor, que foi falta de ajuda, Estavas lá todos os dias me chamando. Nada trouxe de bom comigo, somente sofrimento, arrependimento e vergonha.

"Senhor, ficarei eternamente flutuando de cabeça para baixo, se essa for a Vossa Vontade. Mesmo sabendo que não mereço Vossa misericórdia, deis-me forças para que eu possa suportar esse peso por todo o sempre. Peço-lhe, Pai Eterno, por todos aqueles a quem tanto ofendi."

Suas lágrimas escorriam e pingavam na terra. Como em um filme, ela começou a mostrar algumas cenas de suas últimas passagens. Ficamos em círculo, orando e ouvindo atentamente suas declarações.

Na penúltima passagem, ela foi uma mulher que dominava uma nação que poderia ter suas condições melhoradas, caso se interessasse em ajudar seu povo. Para ela, nunca faltava comida, luxo e lazer, porém nunca havia dado um pão a ninguém.

Muitas vezes vinha à sua mente ideias maravilhosas, apontando como e onde ela deveria implantar um novo método de plantio e desenvolvimento para melhorar a vida do seu povo, mas logo dizia para si mesma: "Cada um tem a sorte que merece!".

Jamais se preocupou em dar ouvidos às intuições que recebia dos amigos espirituais. Seu acordo ao reencarnar seria amparar e guiar aquele rebanho, mas ela o fez como o preguiçoso pastor: sentou-se na sombra e não se importou com o destino de suas ovelhas.

Aumentava seu desespero ao se lembrar de que se deixou levar pela paixão de um homem que incentivou sua maldade. Ela amou desesperadamente aquele homem, e ele apenas se aproveitou dela. Ele não tinha moral nem caráter, usava da influência que tinha ao lado dela para destruir pessoas, humilhava e abusava de homens e mulheres.

Em ano de seca e miséria, ela ficava sabendo diariamente dos números de mortos. Foi necessário reservar um local para enterrar tanta gente. Sempre que a voz de Deus gritava dentro dela por misericórdia, ela fechava os ouvidos, não queria saber, queria apenas viver, viver e viver...

Certo dia, o companheiro por quem ela dava a vida se preciso fosse disse-lhe:

— Eu não sei se você vai gostar da ideia que eu tive, mas mesmo assim vou lhe propor: você faz se quiser!

Essa era a forma como ele conseguia lhe envenenar ainda mais a alma. Dava a ideia e dizia: "Você não precisa me dar ouvidos...", exatamente porque ele sabia que ela faria tudo o que ele sugeria.

— A comida está se acabando, o povo está fraco e doente. Infelizmente, muitas vezes, somos forçados a fazer coisas que não programamos. Bem, minha ideia é a seguinte: separe as crianças maiores e sadias, e os adultos, tanto homens quanto mulheres, que estejam saudáveis e fortes. Pegue os doentes de todas as idades, pois sabemos não terem futuro, e liquide-os! Evitará o sofrimento deles, e o nosso aborrecimento.

O homem continuou sua fala:

— Pense bem no que eu estou lhe falando. Não é um crime, é um favor que você vai fazer a eles, pois vão morrer mesmo. Você só vai aliviar suas dores. Os que ficarem terão condições de viver melhor e, assim que as coisas melhorarem, vão começar a nascer crianças sadias, e as crianças que ficarem se tornarão adultos fortes e sadios.

Ela, no primeiro instante, ficou horrorizada com a ideia de mandar matar tantos velhos e crianças! Mas, logo em seguida, nas trevas da paixão, começou a dar ouvidos ao monstro que vivia ao seu lado. Pois ele continuou envenenando sua alma.

— Tudo bem – respondeu ela, após um breve silêncio. – Vamos fazer um levantamento geral. Você se encarrega disso?

— Mas é claro! Estou aqui para ajudar. Tenho gente de minha confiança para fazer isso. Se você me autorizar, eu cuido de tudo pessoalmente.

— Olha, se você teve essa ideia é porque deve ter visto coisas por aí que não estou vendo nem sabendo. Faça o levantamento, depois veremos o que fazer.

Ele saiu satisfeito, pois no seu plano diabólico incluiu sua vingança contra aquela moça que o rejeitou. Agora ele faria dela o que quisesse. Em uma semana, o homem que jurava amor e fidelidade eterna, que fazia todos seus caprichos, não porque a amava, mas porque lhe convinha, voltava com os dados.

Naturalmente, ele forjou as estatísticas, que mostraram um número bem menor de candidatos à morte. Ao passar pela casa daquela que ele queria para si, viu que ela cuidava dos irmãos menores e de sua avó. Gargalhou, pensando: "Vamos ver, minha bela, se você tem escolha...". E, para seus comparsas, ele se gabava: "A senhora faz tudo o que eu quero. Na verdade, quem reina aqui sou eu! Estando comigo vocês estão com Deus, mas não me aborreçam. Vocês sabem o que eu posso fazer, não é mesmo?", e ria com ironia.

Quinze dias depois, todos os convocados compareceram a um campo nos arredores da cidade. Valas tinham sido abertas, estava tudo pronto para a grande chacina. Naquele dia, foram mortos muitos idosos, jogados em valetas profundas e cobertos com o óleo negro, petróleo, que incendiava facilmente, e, em poucos minutos, restava no ar apenas o cheiro de carne queimada e as nuvens negras que encobriam o sol.

O homem voltou para casa na maior tranquilidade, pois não sentia o menor remorso pelo que havia feito. Chegando em casa, tomou banho e comeu. Nos braços da senhora que ele tinha sob seu domínio, já sonhava com o doce sabor da vitória sobre aquela infeliz criatura que trocou a vida dos irmãos e da avó pelo seu corpo.

No outro fim de semana seria a vez das crianças, as valas já estavam abertas, e o combustível, pronto para a queima. Os homens, sob o comando do monstro, haviam cercado o local, ninguém entrava, ninguém saía.

A dor e a revolta se faziam presentes, um velho que escapou da morte preparou em silêncio o que achou ser digno para ajudar seu povo. Secretamente seu plano foi aprovado, ele foi passando aos pais o veneno letal que matava sem dor em poucos minutos. Ele incentivava a todos: "Vamos morrer juntos! Fiquem apenas a serpente, o dragão e seus discípulos", falava o ancião.

Todos concordaram, receberam a quantidade suficiente para se liquidarem em família. O ancião sorria olhando para o horizonte. "Perdoa-nos, Deus. Se o Senhor tiver uma solução melhor, mostre-nos! Eu não vejo outra saída. Assumo este pecado em nome de cada um dos meus irmãos, afinal, a ideia é minha. Eles vão ter muito trabalho para cavar mais valas e arrastar toda essa gente. Quero ver a cara deles quando descobrirem que não possuem mais escravos!

Se eu tiver de pagar mil anos pela morte de cada um que incentivei, eu pago, meu Pai do Céu, mas não posso deixar que eles continuem sofrendo nas mãos desses monstros."

Tudo parecia calmo, o monstro se sentia realizado. Tinha a soberana em suas mãos, e ele planejava tornar-se o rei futuramente. Estava de olho na filha de sua companheira. Tinha um plano magnífico para eliminá-la de sua vida e ficar com a filha.

Na sexta-feira, no começo da noite, todos os habitantes se recolheram. Os carrascos se preparavam para a execução do dia seguinte. O monstro já fazia mil planos de mudanças, logicamente arquitetando para si o melhor.

As famílias se despediram antes de se recolher. Tranquilos e confiantes, os pais deram o chá às crianças. Certificaram-se de que os filhos estavam mortos de fato para, só então, abraçados a eles, ingerirem o chá que logo mais os levaria para o outro mundo.

O ancião discretamente observava se tudo estava dando certo. Quando viu que todos estavam mortos, tomou seu chá e foi até a frente do palacete da serpente, como ele a chamava. No muro, escreveu (o alfabeto desse povo era pictográfico):

A mão de Deus passou por aqui. Partimos em paz, estamos juntos e unidos ficaremos. Vocês, serpentes e dragões, terão de se arrastar sobre a Terra para sobreviver.

A aldeia estava em silêncio, o ancião, sorrindo, parecia dormir satisfeito sobre a escadaria do palacete. Ainda era cedo quando os algozes levantaram pensando em pôr em prática o que tinham planejado. Foram tomados pelo susto ao encontrar aquele velho morto na entrada, pois um deles jurava tê-lo empurrado para a valeta – diziam que ele era feiticeiro. Como poderia estar ali, seria uma aparição? Reviraram o velho, e ele continuava com aquele ar sarcástico, sorrindo sem respirar.

Amedrontados, voltaram correndo e chamaram o companheiro da soberana. Irado, ele descarregou sua raiva no homem a quem havia confiado a chacina. Este se defendia jurando que ele mesmo agarrou com as duas mãos aquele maldito velho, jogou-o na valeta e ateou fogo. Não sabia como tinha ido parar ali.

— Vamos ver se ele vai resistir logo mais ao fogo! – disse o malvado, como se fosse um deus poderoso.

Os monstros estavam prontos para dar início à matança de crianças. Antes de sair, um deles ainda finge diante da soberana um pesar muito grande pelos acontecimentos.

Ela estava deprimida, pois havia tido um pesadelo horrível. Sonhou com um rio de sangue em que tinha sido jogada e se afogava nele. Alguém gritava seu nome e a chamava de assassina. Quando acordou, sentiu um gosto de sangue na boca, suava e tremia.

Contou o sonho ao companheiro, que respondeu:

— Bobagem! Isso é fruto de sua imaginação. Ficou impressionada com o que fomos obrigados a fazer e sonhou, foi apenas isso. Sonho é sonho, minha querida, fique tranquila. Essa coisa de Deus e diabo é imaginação dos homens, nós somos nossos deuses.

Despediu-se dela, recomendando que não saísse de casa e confiasse nele, pois tudo o que estava sendo feito era exatamente pensando nela e em seus filhos. Os filhos que não foram gerados por ele, mas que tinha aprendido a amar como se fossem sua própria carne. Bastava ele encenar essa peça de amor para que ela se enchesse de carinho e gratidão por ele. Ele alisava os cabelos de sua filha mocinha e dizia, emocionado:

— Se fosse meu sangue, eu a não amaria tanto!

Mas já tinha arquitetado um plano para matar a mãe e esposar a filha.

Assim que desceu ao encontro dos seus comparsas, encontrou-os parados, brancos como cera. Um deles, o braço direito do líder da matança, falou:

— Estão todos mortos! Os malditos se mataram, não sabemos como.

Corriam de canto em canto, de casa em casa, foram aos arredores, e a cena era a mesma: todos pareciam dormir, alguns sorriam como se estivessem felizes. Nesse meio-tempo, já tinham descoberto a mensagem escrita no muro pelo velho feiticeiro.

Logo o dragão, companheiro da serpente, como o chamava o velho feiticeiro, descobriu que eles se envenenaram. "Onde teria aquele maldito velho arranjado tanto veneno?" Ele descobriu: ao entrar na choupana do feiticeiro, ouviu algo estranho como um piado, e cuidadosamente abriu uma porta que dava para o fundo do casebre. Encontrou várias serpentes venenosas que se erguiam do chão, procurando sair do cativeiro.

Ele empalideceu: "Então foi isso! Ele colheu o veneno delas e agora estão iradas". Era preciso colocar fogo nas malditas serpentes, antes de elas começarem a atacar os que sobreviveram.

Em pouco tempo seus comparsas ateavam fogo na choupana do feiticeiro, eliminando as serpentes. Sobraram apenas eles e seus familiares – todos os demais estavam mortos, inclusive aquela que havia se comprometido com ele.

Foi até sua casa. Lá estava deitada, parecia sorrir, estava linda. Um pensamento trevoso lhe veio à cabeça: "Não vou me conformar se não fizer o que planejei". Ali mesmo ele violentou o corpo carnal da moça, que já estava longe com os demais irmãos, não vendo nem sentindo o que ele fazia com o corpo que já não lhe pertencia. Mas a mãe natureza cobra caro aos seus ofensores.

A desgraça veio rápido para os que sobraram: dois meses depois, não havia um vivo. A peste se alastrou matando os que sobraram. Foi o fim de uma nação, foi um povo que não deixou descendentes.

Os pesquisadores, milhões de anos depois, encontraram algumas anotações em forma de desenho, mas não entenderam a mensagem, algumas peças valiosas e poucos ossos, pois o fogo devorou quase a toda população dos mortos por envenenamento. Somente um permaneceu intacto: o velho feiticeiro.

Na verdade, seu espírito aguardava no corpo a justiça dos homens, para só então ele se entregar em sã consciência à Justiça de Deus.

Nossa soberana, chegando ao mundo espiritual, estagiou em várias regiões do Umbral, e depois de muitos anos recebeu a oportunidade de voltar à área em que ela mais ofendeu a Deus, à Terra, como encarnada.

Ela se preparou, recebeu todo tratamento e treinamento necessários para lidar com vida a terrena. Voltou ao lado daquele que tanto colaborou para sua queda.

Os dois deveriam, juntos, desenvolver um trabalho de regaste de todos aqueles que foram mortos sem cumprir sua missão, inclusive o velho feiticeiro.

Uma vez na Terra como encarnados, eles tiveram toda a chance do mundo para se elevar, tiveram tudo nas mãos para praticar o bem. E o que fizeram?

Falharam mais vez. Levaram à morte não somente suas primeiras vítimas, mas muitos outros inocentes que não haviam cumprido sua missão. Dessa vez ela não escapou da maldade dele: matou-a quando entendeu que ela já não servia mais para seus projetos criminosos. Aliás, ela jamais teve conhecimento de muitas coisas tenebrosas que ele praticou.

Agora estava ali, virada de cabeça para baixo, sentindo fome, frio, calor, dor. Mas isso pouco importava diante da angústia que lhe oprimia a alma.

Nós orávamos por ela, e o senhor Porfírio nos disse emocionado:

— Essa alma demorou tanto neste estágio doloroso, que agora está na hora de colhermos.

Acionou o chamado de socorro. Ele e nosso instrutor foram transmitindo forças para aquele espírito que aos poucos foi baixando, e nós, orando de braços abertos, ajudamos a deitá-la sobre a grama verde e fresca.

Nosso instrutor pediu licença ao senhor Porfírio e colocou um pouco de água em sua boca. Ela respirava com muita dificuldade. O senhor Porfírio lhe fez uma massagem nos pulsos e na fronte. Ela abriu os olhos, e cansada nos olhava, enquanto as lágrimas escorriam lentamente pelo seu rosto.

Nossa irmã dona Vilma ajoelhou-se ao lado dela e, muito emocionada, recitou um agradecimento a Jesus Cristo e seus mensageiros:

— Pai Celestial, como somos abençoados e protegidos pela Vossa Luz! Tão ingratos fomos com o Vosso magnífico Espírito, e Vós sempre nos amparando com misericórdia.

A irmã abria os olhos e, parecendo mais calma, falou:

— Muito obrigada, meus irmãos. A bondade do Mestre é sem limites. Vejam, meus queridos irmãos, alguém como eu sendo amparada por mãos iluminadas como a de vocês.

Os irmãos socorristas chegaram e nos cumprimentaram. Nossa irmã estava em um estado lamentável, mas consciente. O senhor Porfírio carinhosamente animou-a, dizendo:

— Logo receberá o tratamento adequado e você poderá se refazer em breve! Agora, tudo vai depender de você.

Eles a levaram, e nós ficamos ajoelhados agradecendo a Deus pela grande lição que acabávamos de receber. Eu ainda estava abalada com todas as passagens dolorosas de nossa irmã, e me perguntava: "Por onde andará seu companheiro? Deus tenha piedade dele".

O nosso instrutor respondeu:

— Esse infeliz irmão ainda se encontra na fase da metamorfose. Ora tem a consciência de que é um ser criado pela Luz, ora volta a ser o fruto gerado pela sua consciência: um monstro. Um dia ele vai aproximar-se da Luz, pois todos nós somos atraídos por ela. Não importa o tempo que demorarmos, Deus não tem pressa. O importante é que todos nós chegaremos até Ele.

Ficamos sentados embaixo de uma frondosa árvore carregada de frutos perfumados e deliciosos, saciamos nossa fome e nossa sede. Nosso instrutor recomendou-nos um repouso ali mesmo, e deitados sobre o verde gramado adormecemos.

Acordamos completamente refeitos no espírito, uma paz imensa invadia nosso coração. Nosso instrutor e o senhor Porfírio conversavam calmamente, observando-nos. O senhor Porfírio, sempre amável e muito atencioso, nos perguntou:

— Vocês estão dispostos a prosseguir?

Respondemos de uma só vez:

— Estamos!

— Então, vamos seguir! E que Deus nos guie.

Levantamos, fizemos uma oração e, de mãos dadas, acompanhamos nossos instrutores. Saímos confiantes e agradecidos pelo grande ensinamento que o Pai Celestial estava nos concedendo.

16.
REENCONTROS NO UMBRAL

O senhor Porfírio nos alertou que agora, mais do que nunca, precisaríamos concentrar nossas energias, pois iríamos entrar na área que atraía muitos irmãos.

Ali estava localizada uma zona complexa do Umbral, bem próxima à crosta da Terra. Para aquela região eram levados os espíritos em estado de loucura total. Aqueles indivíduos que se afastaram por completo da Luz.

Andamos muito e chegamos ao túnel que nos levaria à entrada daquela região. Então, pude perceber que esse túnel era protegido por uma grade, que se abriu automaticamente com nossa presença.

O nosso instrutor nos informou, diante do meu pensamento, que todos os túneis pelos quais nós havíamos passado eram protegidos por grades semelhantes, mas não tínhamos percebido porque estávamos muito concentrados em não falhar em nossas tarefas.

Caminhamos por um bom tempo, ficava cada vez mais escuro, frio e tenebroso. Ouvíamos gemidos, urros e gritos estridentes, a terra estremecia.

Dona Vilma abraçou Marieta, que parecia assustada. Nossos instrutores abriam caminho na frente. Chegamos à saída do túnel e deparamos com um lugar triste e funesto. Nosso instrutor pediu muita calma e muita concentração, alertando-nos de que não deveríamos sentir medo de nada, e nos recomendou observar o comportamento dele e do senhor Porfírio.

A alguns passos da saída do túnel, uma coisa horrível se aproximou de nosso instrutor – urrava e soltava fogo pelas narinas, mas recuou gritando e se contorcendo de dor. Então, ouvimos o pensamento do nosso instrutor:

"À nossa volta, temos um campo com forças magnéticas que eletrizam nossos ofensores. Eles jamais poderão nos atingir se mantivermos nossa carga de energia positiva. O segredo é não temê-los.

"Meus queridos irmãos, aqui registro algumas coisas deste lugar tão próximo à Terra. Imagine que apenas uma parede separa esta região de horror da Terra. Os irmãos infratores e perigosos para o mundo espiritual são aprisionados e transportados para esta região, onde ficam aguardando a hora de seguir para alguma colônia."

Vinha em nossa direção uma criatura enorme, que gargalhava como mulher. Tinha a cabeça deformada e uma cauda grande de serpente. Gargalhava e proferia palavrões em nossa direção. "Meu Deus, ela nos vê!", pensei, e nosso instrutor respondeu: "Sim, Rosa, todos eles nos veem".

Continuávamos andando. Apareceu outro monstro, que relinchava como cavalo, tinha a cabeça enorme, patas, orelhas e focinho de cavalo, mas o corpo de homem era coberto de pelos negros. Eram criaturas com formas bizarras. Eu orava: "Meu Pai Criador, isso é um zoológico do terror".

Eles lutavam entre si, rolavam pelo chão, agrediam-se, ferindo uns aos outros. Uma outra criatura voava gritando, tinha asas de morcego e rosto de mulher.

Na Terra, nossos animais fazem parte de um grupo criado pelas mãos de Deus. Eles completam a beleza e a inteligência da mãe natureza, todos eles são vistos pelos olhos humanos com bondade, respeito e ternura. Mas ali era só medo.

Seguimos adiante, passávamos por esses monstros que tentavam nos alcançar. Todos eles tinham alguma coisa que remetia à humanidade – tinham os sexos humanos, pés, mãos, corpo etc.

Chegamos a uma caverna. Era um empurra-empurra que dava medo. Seres que se arrastavam pelo chão tentavam pegar alguma coisa, outros fugiram com nossa chegada. Entramos em um lugar apertado, escuro e úmido, uma moça gemia estirada no chão, seu estado era de causar pena.

O instrutor acionou o pedido de socorro e nos aconselhou a orar, a fim de não enfraquecermos. Logo chegou o socorro. Vimos os irmãos pegando aquele corpo deformado, que foi transportado imediatamente ao pronto-socorro.

Um gemido e o nome de Deus vinham do outro lado. Nossos instrutores nos chamaram para acompanhá-los.

Um homem em estado deplorável gemia e pedia por clemência a Deus Pai e a seus filhos de Luz. Cercando-o, fizemos uma corrente, orando e pedindo a Jesus que o socorresse. Aos poucos ele foi serenando e, com os olhos fechados, começou a transmitir sua história de vida na carne.

Era filho de pais pobres e muito católicos, que lhe ofereceram uma educação religiosa sadia e nobre. Teve uma boa formação familiar, cresceu e logo se envolveu com outras pessoas de um mundo que ele jamais imaginou existir.

Inteligente e com uma boa formação graças à educação dada pelos pais, logo estava fazendo sucesso em sua carreira como administrador de uma grande empresa.

Casou-se com uma moça da sociedade e exigia dela os costumes que sua mãe tinha lhe passado. Ele queria que ela se dedicasse exclusivamente ao lar, o que era impossível, pois tinha tido uma educação totalmente diferente da sua.

Logo vieram as brigas e as desavenças entre eles. Aos poucos sua esposa foi se afastando dele e buscando novas aventuras fora do casamento. Apaixonou-se por um jovem e estava disposta a largar tudo para acompanhá-lo.

Quando ele descobriu a traição da esposa, enlouquecido pelo orgulho e pelo ciúme, matou-a e não vacilou em acabar com a própria vida.

O remorso lhe corroía a alma. Que direito ele tinha sobre aquela criatura? Cabia somente a Deus decidir o que seria melhor para todos eles. Ficou vagando durante muitos anos como um abutre que mata e derrama seu próprio sangue, até ser levado por uma mão generosa para aquele abrigo.

Mesmo sendo um buraco escuro, úmido e fétido, era um abrigo. Bebia água de vez em quando e comia um pedaço de pão quando conseguia pegar algum. Não fazia a menor ideia de quanto tempo estava naquele lugar. Claro que era consciente de que estava ali por merecimento. Ele sabia perfeitamente os crimes que havia cometido. Se fosse possível retornar, faria tudo para reparar seus erros.

Começou a se lembrar de sua família, revia sua mãe com um terço na mão ensinando-o a rezar o rosário de Nossa Senhora. Revia seu pai trazendo alimento para a família e agradecendo a Deus por ter concedido o pão para seus filhos. Via seus irmãos, sua irmãzinha caçula que pulava corda em frente à casa.

Olhei para a menina da cena e reconheci Marieta com seus cabelos encaracolados balançando ao vento. Dona Vilma abraçava Marieta, que chorava enquanto orava pedindo misericórdia para seu irmão. Ele parou no tempo, buscando em suas lembranças os momentos de paz e alegria ao lado da esposa.

As lágrimas desciam de seus olhos e molhavam sua longa barba. "Meu Deus, faça-a feliz, por duas vezes eu a matei, nas duas vezes por ciúmes. Sou o único culpado pelo fracasso dela, em vez de ajudá-la na formação do seu caráter, eu a matei. Daria tudo para reencontrar minha família. Quem me dera, Deus, ser o pai daqueles a quem tirei a vida. Quem me dera reencontrar meus familiares, minha irmãzinha. Que saudade, meu Deus, eu sinto deles!"

Dona Vilma ajoelhou-se na frente dele e disse:

— Meu amado, nós estamos aqui! Viemos para ajudá-lo, não tenha medo, abra os olhos e estenda suas mãos.

Ele olhava para ela, procurando lembrar de onde a conhecia e logo soltou um grito de alegria:

— Alice? É você mesma, Alice?

— Sim, sou eu meu amor, perdoa-me por tudo. Há anos e anos venho lutando para melhorar minha conduta perante Deus, e acho que estou conseguindo. Já tive três passagens enquanto você esteve aqui, meu amor. Agora me sinto segura para continuar prosseguindo em minha caminhada. Vou estar com você e creio que podemos tentar mais uma vez construir nossa ponte.

Ele beijava suas mãos. Marieta aproximou-se dele e nada disse, mas podíamos sentir a emoção que tomou conta de sua alma.

— Minha irmãzinha, louvado seja Deus!

Ela olhava para nós e soluçava enquanto falava:

— Muito obrigada, Deus!

Então, dona Vilma e Marieta eram parentes! Fiquei imaginando: "Será que dona Vilma já sabia, ou somente diante daquele quadro ela descobriu?"

"Desde o início, Rosa, eu sabia, mas não podia deixar Marieta ansiosa", respondeu. "Eu apenas tinha esperança, e não certeza, de encontrar meu ente querido. Por isso acompanhei vocês nessa caminhada entre as trevas. Foi muito importante conhecer e participar dessa missão tão rica em aprendizado para o espírito."

O socorro acabava de chegar. Nós ajudamos a acomodar o irmão de Marieta na maca para ser levado ao pronto-socorro. Dona Vilma virou-se para os instrutores e pediu:

— Bondosos irmãos, eu posso acompanhar meu amado e rever aqueles que necessitam de mim?

— Naturalmente, querida irmã, acompanhe esse irmão. Agradecemos por sua colaboração.

Ela se virou para Marieta e para mim, dizendo:

— Vocês duas vão prosseguir na caminhada, minhas filhas?

— Sim – respondemos ao mesmo tempo.

— Cuidem uma da outra, não se separem, fiquem juntas o tempo todo e, o mais importante, não se esqueçam de agradecer a Deus a cada instante.

Dona Vilma agradeceu aos instrutores e, segurando a mão do marido, seguiu adiante. Por onde ela passava tudo ficava iluminado.

Acompanhamos nossos mestres. Chegamos a um corredor que minha memória espiritual me fez recordar como algo familiar. Grutas e fendas, lugares onde nós buscávamos pão e água, o local onde brigávamos por um espaço.

Quase saí correndo até o buraco úmido, escuro e frio que me serviu durante tanto tempo de abrigo. Ali eu encontrei minha irmã Alaíde, foi ali também onde nós duas abrimos o coração em busca de Deus.

Senti uma saudade imensa dela, nossa descoberta foi no Umbral, ajudávamos uma a outra e saímos juntas de lá. Foi a maior alegria que senti na minha vida quando abri os olhos no hospital da colônia e vi Alaíde deitada na outra cama do mesmo quarto em que me encontrava.

As lágrimas desciam dos meus olhos, eu me lembrava de nossa adaptação na colônia, nossa felicidade em continuar juntas. Tornamo-nos irmãs espirituais, entre nós não havia dúvidas nem segredos.

O lugar que me serviu de abrigo agora abrigava uma moça que gemia dolorosamente. Contorcia-se, pedia água e tentava se levantar sem conseguir se firmar. Aquele canto eu havia dividido com Alaíde, mas aquela moça estava solitária. Nós orávamos por ela, e logo pudemos ver e ouvir seu mental. Tinha sido uma moça muito bonita, com fortuna, prestígio e uma posição social invejável.

Apaixonou-se por um jovem honesto, de bom caráter, mas pobre. Ela se entregou a ele e jurou amá-lo para sempre. Pouco importava sua fortuna, o que valia era sua felicidade. Ele estava confiante de que ela havia escolhido uma vida simples e honesta ao seu lado.

Orgulhoso, preparou o lar da melhor forma possível para receber sua amada. Fazia mil planos, mesmo sabendo que não teria condições de lhe oferecer tudo a que ela estava acostumada. Prometia a si mesmo que nada lhe faltaria, tinha suas economias, então daria a sua amada uma vida digna.

Qual não foi sua decepção, um dia, ao chegar em sua casa e receber a terrível notícia: ela se casara de surpresa com um tal milionário que sempre fora apaixonado por ela. Ele ficou desesperado, não podia acreditar que aquilo fosse verdade.

Ao deparar com ela, a própria confirmou o casamento com o velho milionário, e propôs ao jovem que se tornasse seu amante, pois ela jamais poderia se casar com ele, seria um escândalo para sua família, e ele não teria condições de lhe dar a vida à qual ela estava acostumada – mas nada impediria de serem amantes.

Ele, com o coração sangrando, repugnou sua proposta indecente e virou-lhe as costas, desaparecendo para sempre. Ela manteve a farsa do casamento com o idoso milionário.

Aos sete meses de casada nascia seu filho, um menino de quase quatro quilos, forte, belo e saudável. Ela sabia que o filho era do seu ex-namorado, por quem ela ainda sentia amor, paixão e desejo.

Logo após o nascimento da criança, procurou o antigo namorado por toda parte, mas não obteve a menor pista. Quando olhava para o filho, revia a imagem do homem que amava.

O milionário fora casado três vezes, mas nenhuma de suas esposas engravidara. Os comentários maldosos quanto à paternidade do filho dela espalhavam-se pela sociedade. O marido olhava para o menino, de quem no fundo sabia não ser pai, e o amava como se fosse seu. Apenas ficava imaginando: "Quem seria o pai dele?", em seguida, pensava: "É meu filho, sim. É meu filho". Tomava-o nos braços e se envaidecia admirando-o.

Seis anos se passaram, e ela já havia perdido a conta de quantos amantes tivera. Um dia seu marido amanheceu morto. Ela ficou aliviada, pois já não suportava mais a presença daquele velho rabugento.

Jovem, rica e bonita, agora estava completamente livre para viver todas as suas aventuras amorosas. Por capricho, e já nem tanto por amor, procurou pelo pai de seu filho, mas sua busca fora em vão.

O tempo passou, seu filho agora estava com dezenove anos de idade, mas entre eles não havia amizade e nem respeito. Ela não lhe deu carinho durante a infância, vivia envolvida em festas e aventuras amorosas.

Um dia ela estranhou o pedido do filho para falar com ela. O que ele teria de tão importante para comunicar-lhe? Pensou em várias hipóteses, menos na real. Ele foi direto ao assunto:

— Meu pai deixou para mim uma parte de sua fortuna, a qual sei que me cabe por direito. Preciso cuidar da minha vida e quero receber aquilo que me pertence.

Ela empalideceu. Tentava pensar no que havia por trás de tudo aquilo.

— Meu filho, tudo o que seu pai deixou lhe pertence, e tudo o que é meu um dia também será seu. No dia em que eu deixar este mundo, você será dono de tudo. Mas quero que me responda com toda a sinceridade: o que levou você a me fazer esse pedido? Apenas me fale a verdade.

— O motivo é que vou ser pai e você será avó. Sinto muito pela sua vaidade minha mãe.

Ela sentou-se e tentou se acalmar. "Meu Deus, nunca vi meu filho com moça nenhuma. Como vai ser pai?" Tomou um copo d'água e respirou fundo antes de perguntar ao filho o que mais interessava:

— Quem é a mãe?

Ele simplesmente respondeu:

— A filha de um agricultor. Conheci minha futura esposa na festa do pêssego, e confesso que foi amor à primeira vista. Isso foi um ano atrás.

Refeita do susto e experiente na vida, ela fingiu compreender a atitude do filho.

— Bem, meu filho, realmente eu devo estar ficando velha, já que serei avó.

Continuou a fingir compreensão, então lhe disse:

— Quero conhecer a moça que me dará um neto. Por isso, traga-a à nossa casa, onde ela será muito bem recebida. Não vejo motivo para você se desesperar, está na hora de formarmos uma família.

O rapaz, que tinha um caráter idêntico ao do legítimo pai, acreditou na sinceridade da mãe. Sentiu até remorso por ter pensando que ela faria um escândalo quando soubesse que seria avó tão jovem, bonita e cobiçada na sociedade, e além disso ser avó de um filho de uma moça da roça! Feliz, o rapaz combinou com a mãe que iria trazer a garota dali a dois dias, a fim de apresentá-la e marcar o casamento.

Naquela noite ela demorou muito para adormecer, estava aborrecida, muito aborrecida. "Como foi me acontecer uma desgraça dessas?" Levaria a garota sem juízo até uma parteira de confiança, faria o aborto em silêncio, e abafariam o escândalo. Seu erro foi imaginar que todas as mulheres tinham seu caráter.

Dali para a frente, sua vida transformou-se em um verdadeiro inferno: o filho saiu de casa e a moça não só a desafiou, como afastou definitivamente seu filho de casa.

Todos os bens deixados pelo seu marido foram repartidos entre os dois. Ela tinha vontade de gritar a verdade: "Você é filho de um pobre que desapareceu sem deixar rastro. Portanto, nada cabe a você!", mas o bom senso fazia-a se calar.

Cortou relações com eles e viveu o resto da vida sem procurar saber se eles estavam vivos ou mortos. Somente teve notícias deles no mundo espiritual, quando viu o mal que tinha feito para si mesma e para outras pessoas envolvidas no processo de sua vida.

Aquele que ela desejou matar era o pai de seu filho, por quem ela tanto procurou. Ele se propôs a vir como seu neto e, mais uma vez, ela tentou destruí-lo. Lembrava-se da promessa que tinha feito a ele: jurou que o reconheceria em qualquer lugar e em qualquer corpo. Ele era um espírito consciente e ponderado, com poucas dívidas para saldar. Poderia protelar um pouco mais sua volta à carne, mas, pensando em ajudá-la, solicitou permissão aos seus superiores para acompanhá-la.

Na carne, ela esqueceu completamente de suas obrigações. Teve muita oportunidade para saldar parte de suas dívidas, mas não soube aproveitar.

O senhor Porfírio pediu ajuda aos trabalhadores de resgate. Nosso instrutor aplicou-lhe um passe, ela adormeceu imediatamente e foi levada ao pronto-socorro.

Oramos por aquela infeliz irmã que fracassou mais uma vez em sua missão, perdendo uma grande oportunidade de ser feliz e ajustar-se com a Luz. Mas Deus é um pai maravilhoso, certamente ela receberia uma nova chance de reconstruir sua vida.

17.
Deixando o Umbral

Eu estava parada, observando o lugar que um dia me serviu de abrigo e lembrando do dia em que fui socorrida. Nisso vi que chegavam os guardiões trazendo alguém em uma maca. Não pude distinguir se era homem ou mulher. O corpo estava completamente deformado por feridas que consumiam sua carne. O ser gemia e tremia. Ouvi quando falava:

— Valha-me Deus, o que fiz com minha vida?

Nosso instrutor disse que era uma daquelas criaturas monstruosas que estava se conscientizando dos seus erros e retornando à forma humana. Levaria algum tempo para que ele voltasse a si, mas já havia dado um grande passo chegando até ali. "Meu Deus, será que fui um monstro daqueles?", pensei.

O meu instrutor me respondeu:

— Sim, Rosa, você foi um daqueles monstros. Aos poucos, como esse irmão que você está vendo, foi tomando consciência e recebeu de volta sua essência.

Colocaram aquela criatura no mesmo lugar que um dia me serviu de abrigo. Fiquei orando por ela em silêncio e pedi muito a Deus que não demorasse a entender que somente a Luz pode nos levar à verdadeira vida.

Enquanto orávamos, vimos o desenrolar de sua última encarnação. Tinha sido um belo mancebo, alto, moreno, com corpo atlético e um talento invejável. Cantava como um rouxinol e dançava como um cisne em um lago.

A sua voz era uma das mais respeitadas na história do canto. Ele agitava multidões nas arquibancadas. Atraía nobres às requintadas apresentações em que ele era a estrela. Em todos os eventos de gala, ele era o convidado especial, cantando e encantando a todos com sua belíssima voz.

Antes de reencarnar, ficou internado em um dos muitos reformatórios espirituais. Foi amparado, instruído e muito bem orientado. Aquela que no mundo dos espíritos era a razão de sua existência agora está em uma esfera muito mais elevada. Ela venceu várias etapas de sua vida e alcançou um lugar de destaque espiritual.

Ajudou seu amado dando-lhe forças a fim de vê-lo recuperado. Este implorou aos mestres dizendo que não desejava se envolver com nenhuma mulher carnal. Como seus filhos já estavam encaminhados no plano espiritual, ele recebeu essa bênção.

Seria um ser humano neutro na carne, não queria sentir nenhuma atração física nem desejo carnal por mulher alguma, pois ele deixara à sua espera uma esposa linda e maravilhosa.

Sua esposa insistiu que ele tomasse uma mulher como companheira, pois assim seria mais fácil cumprir a missão e, ainda, teria a chance de ganhar muitos bônus espirituais caso adotasse alguns espíritos como filhos de sua carne. Ele, porém, estava irredutível em seus propósitos. Não queria mulher alguma em sua vida, mas iria, sim, adotar tantas crianças quantas lhe fosse possível educar, alimentar e encaminhar na vida.

Assim, ele encarnou com todo o amparo espiritual, nascendo em uma família rica. Sua mãe era uma senhora meiga, bondosa e muito devota. Quando ficou viúva, ele tinha apenas três anos de idade. A mãe devotou todo o carinho e cuidados especiais ao filho. Ele estudou nos melhores colégios e foi cercado de muito amor.

Cedo, ainda na adolescência, sua mãe percebeu que ele não se interessava por meninas. Conversava com ele abertamente sobre sexo, e ele lhe dizia não estar preocupado em perder seu tempo com namoros tolos, não pensava em meninas, muito menos em meninos. Ele não admitia que alguém insinuasse tal coisa a seu respeito.

A mãe ficou mais tranquila em relação à vida sexual de seu filho. Aos poucos ele foi se destacando na música – ainda muito jovem já estava entre os melhores do mundo.

No meio artístico, ele conquistava os corações femininos, pois era bonito, rico, famoso e inteligente. Comentava com sua mãe que sempre sonhava com uma moça e quando acordava tinha a impressão de ter estado com ela.

Preocupada, ela mandava rezar missa em intenção daquela alma, pois julgava ser uma alma penada. Sim, só podia ser isso: uma alma penada!

Ele contava para a mãe que a moça chamava sua atenção pelo comportamento, pois cobrava dele um compromisso não assumido com ninguém. Não queria se casar para não se prender a filhos nem a mulher, imagine se ele adotaria uma legião de crianças! Mandava sua mãe doar à igreja que ela frequentava altas somas em dinheiro e dizia para si mesmo: "Ninguém pode dizer que não faço caridade".

— Faço caridade mandando dinheiro para as igrejas, mas não quero envolvimento com elas, e muito menos com crianças! – dizia sempre.

Em uma de suas grandes temporadas pelo mundo, conheceu um rapaz que o envolveu por completo. Tornou-se um ser irresponsável, ciumento e despudorado, e manteve um relacionamento amoroso com o rapaz.

A fama e a carreira dele também foram prejudicadas pelo comportamento que assumiu diante do mundo. Após três anos de escândalos com o rapaz com o qual esteve envolvido, deixou-se levar pela cegueira da paixão, tendo vários amantes.

Deixou para sua mãe uma grande fortuna e uma vergonha ainda maior. Desencarnou de uma forma cruel, devido à vida desregrada que levava.

Chegando ao mundo dos espíritos, não reencontrou sua própria origem. Trazia na alma a ilusão do mundo terreno. Não foi homem nem mulher, apenas um ser que se deixou levar pelas ilusões da carne.

Sua própria consciência criou aquela forma monstruosa. Somos moldados pelas nossas ações. Um velhinho deformado na matéria pode moldar-se em uma criança linda e rosada. Uma velhinha paralítica poderá se moldar em uma belíssima jovem, em um corpo saudável. Isso depende do trabalho de cada um.

Fiquei analisando aquele ser que estava na minha frente, doente, sujo e carente. Quem diria que um dia havia sido tão famoso, rico e poderoso. Estava ali jogado como um indigente e nem aparência de gente tinha. Então, o instrutor disse:

— Prestem atenção neste caso. Alguns irmãos falam que espíritos não têm sexo, eu já digo o contrário. Os espíritos não mudam de sexo, eles são criados com uma essência. Quando encarnados, podemos adquirir um corpo masculino ou feminino, isso depende da necessidade e das facilidades que Deus nos oferece para cumprirmos nossa missão. O espírito é superior à carne, o corpo carnal obedece rigorosamente ao desejo do espírito. Todos nós, quando alcançamos todas as nossas metas, readquirimos nossa forma original. Quem ficou enterrado foi o corpo carnal, não o espírito.

Eu fiquei pensativa: "E as esposas e os filhos, como ficam?". O instrutor respondeu:

— Nesses casos, após os débitos e os ajustes com a própria razão espiritual, o espírito retorna à sua família, sem comprometer o relacionamento com ela.

Orando o observando aquele irmão deformado, vi vários pontinhos de luz que o rodeavam. Notei que ele estava mais calmo, gemia baixinho clamando por Deus. Com as mãos cruzadas sobre o peito, eu pensava: "Aquele lugar foi uma das minhas antigas moradas, eu estava sentindo a mesma coisa que meus irmãos socorristas: vontade de ajudar os companheiros de missão. Sim, aquele canto que me serviu de refúgio agora sustentava outro corpo, e por certo ele tinha algo em comum comigo".

Nosso instrutor nos aplicou um passe e em seguida o senhor Porfírio nos convidou a segui-lo. Sem olhar para trás nos demos as mãos e seguimos. Passamos por estreitos corredores, ouvíamos gritos e gemidos por todos os lados, orávamos em silêncio enquanto andávamos.

Paramos diante de um do recanto escuro e ouvimos um gemido de dor. Nosso instrutor e o senhor Porfírio tomaram a frente nos dando sinal para que esperássemos do lado de fora.

Vimos três irmãos socorristas chegando. Cumprimentaram-nos e amavelmente nos pediram ajuda:

— Vocês, formem uma corrente e transmitam tranquilidade para a mente do irmão.

O senhor Porfírio e nosso instrutor oravam de mãos dadas. Víamos raios de luz multicoloridos se espalhando pela fenda escura onde estava a infeliz criatura. Os irmãos socorristas trouxeram a maca. Sobre ela havia um homem completamente disforme. Com os olhos parados, gemia e falava baixinho:

— Meu Deus, tenha piedade de mim. Fui um monstro na Terra, e tudo o que sofro no espírito ainda é pouco diante do que fiz. Mesmo assim, meu Senhor, eu ainda Te peço: tende piedade de mim.

A luz que brotava das mãos e dos corações dos nossos mestres cobria o corpo esquelético do pobre homem. Cabelos e barba desgrenhados, a roupa em trapos.

A luz dos mestres clareava o local de maneira que pudemos ver melhor o rosto do irmão. Precisei amparar Marieta, pois ela cambaleou e cairia se eu não estivesse ao seu lado.

Pegando na mão do rapaz, ela o chamava pelo nome da sua última passagem:

— Mário, sou eu, Marieta. Você consegue me ver? Por favor, abra os olhos e veja, sou eu mesma.

Lentamente ele foi abrindo os olhos, as lágrimas escorriam enquanto ela passava a mão no rosto dele.

— Mário, por favor, tenha fé em Deus. Você está sendo socorrido.

Com muita dificuldade ele disse:

— Deus é maravilhoso, estou chorando de emoção. Posso vê-la, tocá-la, estou amparado por esses anjos de Luz.

O nosso instrutor deu-lhe água. Ele bebeu e respirou aliviado. Formamos uma corrente à sua volta, oramos com todo o fervor.

— Há muito tempo que eu não me sentia tão bem. Parece que vou dormir. Sabe, Marieta, faz muito tempo que não sei o que é dormir. Será que voltarei a dormir? – perguntou, segurando a mão de Marieta.

Os mestres oravam e jogavam suas luzes coloridas sobre ele. Aos poucos o vimos ressonando. Seu rosto estava calmo e sereno. Nosso instrutor virou-se para Marieta e perguntou:

— Marieta, você quer acompanhar o irmão? Pode acompanhá-lo, se assim desejar.

Ela olhou para ele e depois para mim. Eu a encorajei com o olhar, pois sabia quanto havia esperado por aquele momento.

— Meu pai, meu coração pede que sim, mas minha consciência me manda ficar. Ainda sou tão insegura, Pai da minha alma, ajude-me! O que será melhor: acompanhá-lo ou continuar nesta expedição? Não seria eu ingrata, meu Pai, se, agora que encontrei aquele que buscava, abandonar a missão? Por favor, me ajude.

O nosso instrutor afagou-lhe os cabelos e disse:

— Minha filha adorada, você é mesmo um anjo de Deus. Vejo a luz do seu coração sendo mais forte que as suas emoções pessoais. Volte com ele, minha filha, ajude nos primeiros-socorros. Ele passará pelas cirurgias necessárias e depois seguirá para o Lar Jesus de Nazaré. Você deve acompanhá-lo; nesse ínterim, reúna os envolvidos na história da sua vida. Dona Vilma está trabalhando nesse trajeto entre os prontos-socorros e o internato. Você ficará com ela até receber a ordem de regresso.

Ela me fitou angustiada: "Como posso seguir sem você?". Eu respondi:

— Marieta, estaremos sempre juntas. Nada pode nos separar, pois carregamos Deus dentro do coração e Ele está em todos os lugares, não é verdade? Tenho certeza de que em breve nos veremos.

Nosso instrutor recomendou aos irmãos socorristas que levassem Marieta aonde se encontrava dona Vilma.

Eles se comprometeram a levá-la ao destino. Acomodaram o irmão doente e Marieta, despediram-se de nós e partiram no meio da escuridão.

Seguimos de mãos dadas pelo corredor estreito e escuro, o vento forte batia em nossos corpos quase machucando. O senhor Porfírio, então, disse:

— Vamos até a área de divisa, a partir de lá não posso conduzi-los, pois somente com uma licença especial é que podemos seguir dali adiante, e essa licença eu não tenho.

Nosso instrutor, virando-se para o grupo, explicou:

— Após concluirmos esta última etapa da nossa missão, passaremos pelas cortinas da divisa, sairemos na crosta terrena e, depois de fazermos algumas coisas por lá, regressaremos para casa.

Eu já meditava sobre tudo o que vi e aprendi nos últimos dias de nossa viagem, quando o instrutor, rindo, me disse:

— Rosa, nós estamos quase chegando ao fim dessa primeira caminhada. Logo prepararemos uma nova excursão pelas vizinhanças do querido Umbral, e você está convidada a nos acompanhar, pois demonstrou muita competência!

— Eu estarei sempre disposta a servir a Deus! Aceito o convite – respondi emocionada.

PARTE

II

18.
Estação da Luz

Entramos em um túnel iluminado, o senhor Porfírio apertou um botão, e uma moça muito simpática veio nos atender, convidando-nos a entrar. Ele ficou conosco por um tempo correspondente a duas horas terrenas, levantou-se agradeceu a moça e nos disse:

— Preciso retornar, pois meus afazeres me chamam! Vocês estão em boas mãos!

Como em todas as outras colônias, fomos bem recebidos naquela. Havia uma sala ampla e clara, o sol entrava pelas grandes janelas rodeadas de minúsculas e perfumadas flores.

Conhecemos todos os departamentos da colônia. Já era fim de tarde, e a moça nos perguntou:

— O que os senhores desejam para tomar? Temos água fresca, sucos, café, chás... Por favor, pessoal, fique à vontade. E para comer? O que querem?

Eu olhei para o instrutor, e ele, sorrindo, disse:

— Rosa, estamos entre a Terra e o Umbral, aqui é o meio do caminho.

Eu pedi um suco de maracujá e uma torta de amêndoas, e não é que ela me trouxe mesmo! Comi com todo prazer. Ah! Que saudades da minha infância na carne, quando minha avó me servia exatamente isso: torta de amêndoas e suco de maracujá.

Tomamos um banho refrescante e logo estávamos renovados. Então, fomos até o escritório do encarregado geral da colônia. Seu trabalho é importantíssimo: ele e seus auxiliares controlam a entrada e a saída de muitos espíritos no Umbral. Neste lugar todos são fotografados. Mantém-se um arquivo constante para consultas espirituais.

Soube que muitos mentores que trabalham atendendo na Terra, quando precisam com urgência de uma informação, vão procurá-la ali naquele portal. Eles têm ligações diretas com todos os setores do Umbral e de outras esferas nobres.

Eu diria que aquele era um posto de comunicação avançada, pois eles conseguiam se comunicar facilmente com todos os planos espirituais. Só nunca imaginei que tão perto da Terra pudesse existir um lugar tão nobre.

Conheci muitas personalidades do plano espiritual que faziam dessa pequena colônia um ponto de encontro maravilhoso: a Estação da Luz.

Durante a noite, quando chegamos ao palco onde seria exibido um filme sobre a Terra, qual não foi a minha surpresa? Encontrei Sílvia e seu esposo, Maria Clara, dona Vilma, Marieta, Mário e outros amigos queridos. Para completar a minha alegria, também estavam lá minha irmã Alaíde e o mentor do observatório de cristal!

Fomos convidados pelo encarregado da colônia a visitar alguns pontos na Terra. Vi o brilho nos olhos de cada um dos meus irmãos. Iríamos à Terra, que maravilha! Marieta piscou um olho para mim, estávamos ansiosas para que chegasse logo o momento de adentrarmos nossa amada Terra.

Eram dezenove horas no horário da Terra quando chegamos a um local limpo e purificado. O salão estava repleto de irmãos desencarnados, filas se formavam desde a entrada. Muitos guardiões organizando as filas e os acalmando.

Fomos recebidos pelo responsável da casa, um simpático e muito conceituado guardião. Ele nos levou ao recinto onde aconteceriam os trabalhos espirituais. Fomos apresentados a muitos irmãos trabalhadores voluntários que se encontravam no local.

A dirigente carnal da casa é uma grande amiga e colaboradora do plano espiritual. Fiquei emocionada ao vê-la tão compenetrada. Seu pensamento vinha ao encontro do nosso – oramos todos juntos de mãos dadas.

Muitas luzes se misturavam e energizavam o ambiente. Aos poucos ela foi rodeada por essa energia, as orações dos encarnados e dos desencarnados se misturavam formando ondas de amor, que aos poucos foram se envolvendo e recebendo as vibrações do mentor da casa. Ele carinhosamente amparava o corpo carnal da médium, como se tivesse nos braços uma criança.

Muitos trabalhadores vieram até nós para conversar por alguns minutos, elogiamos o trabalho deles e reconhecemos a boa vontade de cada irmão envolvido em auxiliar o próximo.

Enquanto isso, nosso mestre trabalhava passando orientações aos presentes. Estávamos admirados, pois desconhecíamos essa sua tarefa na Terra. Falei baixinho para a minha amiga Marieta:

— Perceba o que pode fazer um espírito encarnado quando sintonizado a um mestre...

Havia uma luz em torno do corpo carnal da médium. O mestre resgatava muitos espíritos caídos. Solicitava ajuda de todos os voluntários, que, em uma velocidade incrível, retiravam os doentes desencarnados do local, enquanto outros desinfetavam o ambiente.

Aos poucos os trabalhadores voluntários retiraram todos os doentes, e o ambiente foi ficando mais tranquilo. Era a hora de atender os encarnados. No final dos trabalhos, não restava um irmão sofredor no local, todos haviam sido socorridos, e alguns esperavam o transporte para as colônias autorizadas a recebê-los.

Nosso mestre se despediu dos irmãos encarnados, deixando um clima de paz e alegria. Despedimo-nos agradecendo aos guardiões do Templo e pedindo a Deus para conservar seus corações sempre envolvidos no manto da Luz e da caridade. Alguns trabalhadores permaneceram no local.

A vida é Luz, é vontade de viver e conhecer mais e mais. É assim que hoje eu a encaro. Recebo lições todos os dias. Quando penso que já vi a maior maravilha que Deus criou, aparece diante de mim outra ainda maior. Deus é infinito. E o infinito é Deus.

Ficamos hospedados nessa brilhante colônia por um mês. Acompanhávamos diariamente todos os trabalhadores em suas tarefas, desde receber irmãos desencarnados na Terra até acompanhá-los nos trabalhos terrenos, em muitas casas espíritas.

19.
A CURA

Foi maravilhoso encontrar tantas pessoas amigas e queridas! Participamos de um trabalho humanitário, no qual todas as pessoas presentes colaboram em todas as tarefas. Em determinado momento, encarnados e desencarnados estavam tão próximos uns dos outros que nossos sentimentos se unificaram.

Finalizando os trabalhos, nos abraçamos. Vi que muitos irmãos, encarnados e desencarnados, estavam com os olhos marejados de lágrimas. Foram momentos de muita emoção. Agradecemos a todos, abraçando um a um.

Ao sair daquele pronto-socorro, eu estava transbordando de alegria. Olhei em direção ao infinito, a lua rodeada pelo um círculo luminoso, lembrando uma aliança, parecia dançar alegremente entre as nuvens brancas.

As estrelas cintilavam na imensidão do céu. Como Deus é maravilhoso e criativo! Quem poderia concorrer com Ele em tudo isso?

O perfume das flores acariciava a noite – tudo ali era muito simples e de uma beleza incomparável. As plantas, que serviam de abrigo aos pássaros, fornecendo sombras nos dias ensolarados, agora pareciam conversar tranquilamente entre si. Suas folhas balançavam na brisa da noite, liberando no ar suas essências curativas.

Agora, completamente consciente, lembrava da minha última passagem na Terra e tentava fazer uma avaliação do que tinha sido a minha vida.

Encarnada entre o luxo, a beleza e o sucesso... Recebi flores e mais flores, eram ramalhetes e mais ramalhetes dos mais sofisticados. Nunca dei valor, nunca prestei atenção nas flores que recebia. Eu me sentia muito mais importante que todas elas.

Nunca tinha parado para olhar o céu, jamais prestei atenção na beleza da lua. E desde quando imaginei entrar em uma casa como aquela? Um Centro Espírita! "Quanto tempo perdido!", pensei.

— Não, não foi um tempo perdido! – respondeu-me um mentor. – Graças a essa passagem você está aqui hoje.

Apertando a minha mão em um gesto de conforto, descemos juntos os últimos degraus que nos levavam à saída. Agradecemos aos guardiões que faziam a guarda da casa naquele dia de trabalho.

O responsável pelo pronto-socorro ligado às correntes daquela casa nos convidou para ir conhecer o local. A entrada ficava acoplada ao portão de entrada dos encarnados.

Todos nós concordamos, pois seria uma grande oportunidade. Um dos responsáveis pela transição do Centro ao pronto-socorro era um boníssimo senhor, calmo e simpático, que inspirava alegria e confiança em todos.

Havia uma espécie de escada rolante, com um patamar largo onde eram colocadas as macas dos doentes a serem transportados para os primeiros-socorros. Observei que, enquanto subíamos pela escada luminosa, outros desciam por ela.

O bondoso senhor, que atendia pelo nome de pai Antonio (mais tarde saberíamos o porquê de os irmãos o chamarem de pai), explicou:

— Meus filhos, nesta casa, como em todas as casas da mesma natureza, em um dia de trabalho, como hoje, socorremos dezenas de irmãos trazidos por mãos caridosas.

Na sala de atendimento estavam vários irmãos recebendo os primeiros-socorros. Eles iriam se encontrar com os demais trabalhadores que estavam de plantão, pois logo mais todos os doentes seriam transportados, como nos explicou um mentor.

Os encarnados precisavam se conscientizar de que o trabalho dos espíritos não terminava quando um dirigente encerrava a sessão dos trabalhos. Ainda era preciso de algum tempo para que os trabalhadores retornassem às suas tarefas. O silêncio dentro de um Centro Espírita era muito importante.

Muitos irmãos que ficavam no centro depois de terminadas as tarefas espirituais, após a retirada dos encarnados, assumiam um papel delicado: era o momento de selecionar e identificar os doentes, os trevosos etc. Essas pessoas eram especialistas da psiquiatria divina e cuidavam dos espíritos para acalmá-los, avaliando e encaminhando todos para as colônias compatíveis com suas necessidades.

— Pai Antonio, posso tirar uma dúvida com o senhor?

— Claro, minha filha. Estamos aqui para ajudá-la – respondeu ele.

— O senhor pode explicar para nós um pouco mais sobre esse local?

— Com todo o prazer. Logo mais você terá a oportunidade de ver com detalhes o trabalho da nossa equipe.

Nisso, chegamos a um jardim florido. Ao sairmos da escada, olhei para trás e vi toda a luminosidade que ficava como um lindo rastro. Também pude notar que a escada fica protegida por um túnel. Olhei para o infinito. A lua continuava brilhando com seu círculo em volta, o céu estava estrelado, a brisa fresca da noite tocava o meu rosto de leve.

Seguimos o pai Antonio até uma sala ampla com poltronas simples mas confortável. O que me chamou a atenção foi um painel luminoso na parede que mostrava um filme sobre todo trabalho executado na casa. O filme mostrava tudo o que já se passara e o que estava se passando. Fiquei boquiaberta – nunca imaginei que o trabalho de um Centro Espírita poderia ser tão importante a ponto de ser registrado.

Pai Antonio respondeu-me com doçura:

— Filha, temos a programação desde sua inauguração até o momento que você está acompanhando na tela.

Vi algumas cenas e fiquei preocupada, então perguntei:

— Não é errado ficar espionando a vida alheia?

Logo obtive a resposta:

— Ninguém está espionando a vida alheia. Esta casa é um hospital/escola que recebe médicos, educadores e trabalhadores voluntários de todas as áreas. Esse hospital/escola recebe espíritos ignorantes e doentes, portadores de todos os tipos de moléstias. Esse trabalho envolve encarnados e desencarnados. Precisamos assisti-los para ajudá-los. Não se trata de espionagem, mas de caridade. Aos trabalhadores cabe o dever de saber se portar dentro de uma casa como esta, pois eles são o mourão ao qual podemos confiar grandes tarefas. Os trabalhadores em geral devem ser conscientizados da responsabilidade assumida perante a Lei do Pai Maior. Ao entrar nesta casa, sabem que devem deixar para trás mágoas, tristezas e problemas pessoais.

Nisso entrou uma moça simples, bonita e muito educada. Ela foi apresentada como uma trabalhadora voluntária da casa. Pai Antonio perguntou-lhe com muito carinho:

— Minha filha, está tudo em ordem?

— Sim, meu pai, tudo em ordem. Parabéns mais uma vez pelo seu belíssimo trabalho!

Abraçou-a com os olhos brilhando. Humildemente agradeceu a Deus, dizendo:

— Todo o mérito é Dele, filha, e não nosso.

A moça nos cumprimentou, e pai Antonio pediu-lhe:

— Filha, mostre aos nossos irmãos os outros recursos que temos nesta casa abençoada. Eu voltarei em breve, meus irmãos, preciso verificar como está o desenvolvimento dos nossos trabalhos de hoje. A colheita foi muita boa, graças a Deus.

Percebi então que ele não andava, mas flutuava calmamente. Chegando perto de mim, disse:

— Na volta, minha filha, explicarei com mais detalhes o que você me perguntou a respeito das dependências da nossa casa terrena.

A bondosa e simpática moça nos convidou a segui-la. Atravessamos um corredor branco e iluminado onde várias pessoas circulavam, todas compenetradas no que faziam. Alguns empurravam macas e cadeiras de rodas, entrando e saindo dos quartos, os quais, pude observar, tinham placas de identificação com números e nomes.

A nossa acompanhante nos explicou:

— Nesta ala ficam os irmãos que já receberam os primeiros-socorros. Eles vão repousar e receber os medicamentos e a alimentação adequada. Assim que estiverem em condições, seguirão viagem aos locais apropriados às condições de cada um deles. Vamos ao laboratório para vocês conhecerem o trabalho dos irmãos responsáveis pela área.

Chegamos em uma ala grande e superiluminada. Um rapaz muito jovem, simpático e alegre nos recebeu a entrada.

— Sejam bem-vindos, meus irmãos! É um prazer tê-los conosco.

Ele tocou uma campainha e logo apareceu uma moça tão jovem quanto ele, mas de uma simpatia fora do comum.

— Boa noite a todos, estejam à vontade. Bem, pessoal, Maria Rita indicará a vocês onde e como devem se preparar para entrar no laboratório.

Em cada box indicado por Maria Rita encontramos um avental, uma máscara e um par de calçados especiais. Trocamos nossos trajes espirituais por aqueles. O rapaz, também já preparado, levou-nos por um corredor que, à medida que passávamos, emitia luzes nas cores lilás, amarela, rosa, verde e azul.

Entramos em um imenso salão, várias pessoas trabalhavam em cabines fechadas, examinavam todo tipo de material humano.

Eduardo, o médico responsável pelo laboratório, explicou que durante todos os dias de trabalhos espirituais eram colhidas várias amostras dos doentes encarnados a fim de serem analisadas, pois somente dessa maneira os médicos poderiam pesquisar e trabalhar na preparação de medicamentos adequados para a cura de cada um dos doentes.

— Erroneamente — disse-nos o doutor Eduardo —, muitas pessoas acreditam que indo a um Centro Espírita receberão instantaneamente a cura para seus males. Mas não é bem assim, meus irmãos. Nem sempre o mal é apenas material, mas também espiritual. Por isso, precisamos estudar antes de aplicar o tratamento adequado. Não podemos receitar remédio algum sem detectar as causas antes. Por exemplo, neste momento, o doutor André examina uma amostra colhida de uma irmã nesta noite. Prestem atenção ao que ela está acusando.

Então, doutor André ajustou o aparelho altamente sofisticado, em que todos nós podíamos ver o material colhido. Sentamos ao redor da mesa redonda, olhando para o aparelho. Assustei-me com o que vi.

Era uma senhora de meia-idade que sofria de muitas dores há anos, fazendo tratamento aqui e ali sem obter uma melhora satisfatória.

O exame mostrava vários resíduos espirituais que não são detectados por nenhum microscópio terreno. Assemelhavam-se a vermes que sugavam as forças físicas e mentais, deixando a doente em um estado deplorável.

Perturbada, ela buscou todo tipo de tratamento, fez tudo o que lhe ensinaram. Algumas vezes usou medicamentos que, em vez de ajudá-la, diminuíram sua resistência física. O doutor Eduardo disse:

— Dificilmente sua matéria voltará ao normal, mas vamos tentar aliviar um pouco as suas dores. O tratamento é lento. Vamos infiltrar o medicamento em seu corpo físico e astral. Mas para que tenhamos sucesso, é necessário que essa senhora siga rigorosamente as instruções espirituais e compareça pontualmente nos dias marcados para o tratamento. Além disso, meus irmãos, ainda devo acrescentar que muitos dos doentes que abrigamos em nossas colônias chegam contaminados, quando poderiam se tratar ainda na Terra, evitando sofrimentos e trabalhos para nós. Essa senhora já recebeu instruções para comparecer à casa para receber o tratamento, esperamos que ela compreenda que nossa missão é ajudar.

Eu vi que no corpo daquela senhora havia milhares de minúsculos seres, com formas esquisitas. Quando eles se agrupavam em determinado local do corpo da senhora, causavam as dores e as perturbações mentais.

Ela, ao ingerir e fazer vários tratamentos inadequados, por vezes anestesiavam os pequenos seres, deixando-os adormecidos. Porém, uma vez despertados, ficavam irados e causavam mais dores e perturbações.

Todos os encarnados, seja criança, seja ancião, estão sujeitos a ser contaminados por esses vírus espirituais. Eles são as energias negativas que se desprendem do próprio homem. O tratamento consiste em procurar uma casa onde espíritos voluntários e pessoas, que tenham a consciência de que a missão dos espíritos é muito mais séria do que muitos ainda pensam, colaborem. Perguntei ao doutor Eduardo:

— Doutor, caso essa senhora não faça o tratamento, o que pode acontecer quando ela desencarnar?

— Uma excelente pergunta a sua! Caso essa senhora não se trate corretamente, ao desencarnar continuará sofrendo no espírito as mesmas dores e as mesmas perturbações carnais. Ficará sem condições de se locomover ou de receber qualquer vibração positiva, uma vez que ficará envolvida com o negativismo da doença. Quando sofremos desses males espirituais, ficamos completamente sem forças para dar ou receber qualquer ajuda espiritual.

— Doutor, isso que o senhor está nos revelando foi passado para essa senhora? – perguntou um dos irmãos.

— Meu jovem, um médico deve sempre indicar o tratamento e conscientizar o paciente da necessidade de se curar, mas deve sempre deixar que a escolha seja dele.

— E se ela não comparecer à casa no dia em que o senhor levar o medicamento? Todo o seu trabalho será perdido? – perguntou outro jovem.

— Não, não! Não perdemos nosso medicamento! Muitas vezes, ali mesmo, na casa, aplicamos todo o medicamento em espíritos que são trazidos pelos irmãos voluntários com os mesmos sintomas.

Eu pensei e falei alto:

— Tomara que essa senhora se conscientize e volte à casa para se tratar. Pois, se não se curar na matéria, estará comprometendo seu espírito com futuros tormentos.

O doutor Eduardo nos levou para o outro lado do laboratório. Ali cientistas misturavam substâncias para criar remédios, distribuídos em várias ampolas e muitos vidros. Observei que eram todos líquidos. A doutora Sara, lendo os meus pensamentos, disse-nos sorrindo:

— Bem, meus jovens, como vocês bem sabem, o líquido é uma substância que evapora facilmente. Todos os medicamentos aplicados em nossos pacientes são líquidos, e também vaporizamos no ar medicamentos de prevenção. Dessa forma, todos respiram os medicamentos benéficos à saúde da matéria e, especialmente, à saúde do espírito. Além disso, dissolvemos medicamentos em águas que são colocadas à nossa disposição. Naturalmente, seu efeito varia de pessoa para pessoa.

— Doutora Sara, verificamos que todos os remédios são coloridos, a senhora poderia nos explicar por quê?

— Mas é claro, meus jovens! As cores, como já sabemos, atuam em regiões específicas do nosso corpo e da nossa mente. Aqui desenvolvemos medicamentos que acompanham a tendência do organismo humano.

Nos despedimos satisfeitos e comovidos com o trabalho daqueles irmãos do laboratório que lutam para ajudar encarnados e desencarnados.

20.
O TRABALHO DOS IRMÃOS NA CASA ESPÍRITA

A nossa acompanhante nos levou para o outro lado do prédio, onde uma placa enorme anunciava: "Pronto-Socorro". Olhei mais uma vez para o céu, e tudo estava calmo e sereno. Enquanto andava eu ia pensando: "Muitos trabalhadores encarnados já estão dormindo, eles nem imaginam que o trabalho da casa continua".

Assustei-me quando deparei com uma irmã encarnada entre os espíritos. Ela estava empurrando uma maca. Parei e fiquei observando, enquanto ela passava por mim, acenando com a cabeça.

A nossa anfitriã, notando a minha surpresa, sorriu e disse:

— Nestes dias de tanto trabalho, qualquer trabalhador é bem-vindo, seja encarnado ou desencarnado. Muitos irmãos vêm como voluntários ajudar no resgate. Vejam o exemplo dessa irmã: emprestou seu corpo para os trabalhos na Terra, no entanto, não se sentiu satisfeita apenas com isso e retornou para servir. Deixou o corpo carnal em repouso e veio trabalhar.

Enquanto ela andava víamos o imenso fio de luz que prendia seu corpo carnal ao espírito. Sabemos que os encarnados, ao afastarem-se dos corpos, continuam presos pelo que chamamos de cordão umbilical.

Entramos no pronto-socorro. As primeiras imagens foram estranhas: um salão imenso, branco, raios de luzes de várias cores desciam do teto. Havia irmãos que desencarnaram em acidentes de trânsito, armas de fogo ou, ainda, enforcados, envenenados, afogados etc. Todos recebiam os socorros necessários. Muitos estavam semiconscientes, outros em estado de coma, e outros totalmente conscientes. Para cada caso havia um banho de luz na cor equivalente à necessidade, enquanto duas, três ou até seis pessoas trabalhavam no corpo do paciente.

A nossa acompanhante nos levou até um box, a luz que saía do teto era verde-clara. Pude observar que em alguns boxes desciam luzes que variavam entre o branco, o verde, e o vermelho, o amarelo, o marrom e o verde, dependendo do box, a luz era mais fraca ou forte.

Ficamos observando enquanto dois médicos e duas enfermeiras trabalhavam com atenção e rapidez naqueles corpos desfalecidos.

Eles lutavam para a irmã recobrar a consciência. Ela soltava uma espuma ensanguentada pela boca e pelas narinas. A luz verde-clara percorria todo o corpo dela, concentrando-se na cabeça.

Um médico controlava o aparelho, outro aplicava medicamentos em várias partes do corpo da moça. Uma das enfermeiras limpava a espuma que não cessava de escorrer, enquanto a outra pegava os materiais de uso médico, todos envolvidos no socorro.

Depois de alguns minutos, a moça parou de espumar. O médico olhava atentamente para o aparelho: antes o ponteiro batia de um lado para o outro, agora corria lentamente, mas em sequência.

O outro médico acionou um botão, então vimos luzes de todas as cores percorrendo o corpo da moça: lilás sobre a cabeça; verde e rosa no baixo ventre e na altura do coração, respectivamente; amarela acima do umbigo; azul na garganta; e o branco se misturava com todas as outras cores, percorrendo todo o corpo.

Fiquei maravilhada com aquele jogo de cores. Notei que a moça respirava, arfando. Ela estava rosada. O médico controlou o aparelho, ajustou o botão e deixou que uma luz cristalizada corresse lentamente pelo corpo da moça.

Eles apertaram as mãos em um gesto de alegria, e uma das enfermeiras nos explicou:

— Essa moça cometeu o suicídio motivado pela tristeza. Ela amava demais seus pais, mas a separação deles causou um grande trauma em sua mente. Seus pais estavam mais preocupados com os problemas conjugais e não se deram conta da tragédia íntima de sua filha. Ela perdeu por completo a vontade de viver. Doente e sozinha, cometeu o crime contra o próprio corpo. Pobre menina!

Espíritos familiares correram ao seu socorro, e graças a Deus ela não entrou em coma espiritual. Os nossos irmãos conseguiram, com a graça de Deus, mantê-la ligada à vida do espírito, assim foi mais fácil ajudá-la.

Um dos nossos irmãos perguntou:

— A irmã falou em coma espiritual?

— Sim, meus irmãos. Muitos nessas condições entram em coma, desligando-se da vida, e quando retornam à consciência ficam perambulando por aí como loucos.

O médico continuou explicando:

— Ela recobrará a consciência em breve e será transportada para algum reformatório juvenil para receber o tratamento adequado e se preparar para o regresso carnal.

Os trabalhadores saíram do box, mas não pareciam cansados, pois seus olhos brilhavam de alegria. Cumprimentaram-nos dizendo:

— Nossa alegria a cada vitória é idêntica à do primeiro dia de trabalho, quando conseguimos obter a nossa primeira conquista.

Nossa anfitriã lembrou-nos de que eles trabalhavam juntos há muito tempo, pois ali as equipes se formam e se mantêm unidas por anos e anos.

Uma luz vermelha piscava no pulso deles, que sorriram e olharam para o box com muito carinho. Pediram licença e partiram rapidamente.

— É outro chamado urgente – disse-nos a moça.

Fomos para outra ala, e confesso que me deixei levar pela emoção. Havia muitas mães abraçadas aos seus filhos, acalentando-os e confortando-os. Eram acidentados de toda sorte. Já tinham recebido os primeiros socorros, e curativos cobriam as feridas dos pequeninos e de suas mwães.

O ambiente tinha uma luz fraca e azulada, uma música bem suave tocava e muitos brinquedos estavam à disposição dos pequenos. Dormiam abraçados às suas mães, alguns mamavam no peito, outros tinham chupetas na boca, e alguns estavam agarrados a seus brinquedos.

Nossa acompanhante aproximou-se de uma menina de três anos e alisou seus cabelos. A menina estava agarrada a um ursinho e dormia tranquilamente. Estava toda enfaixada, e um aparelho percorria todo o seu corpo emitindo uma luz que variava do lilás para o alaranjado.

— Assim que acordar, ela estará bem melhor. Cuidaremos até que ela possa ser enviada ao hospital infantil, onde as irmãs de caridade cuidarão dela com carinho.

Saímos em silêncio e entramos em uma ala onde encontramos muitos idosos, uns sentados, outros deitados. Tomavam um caldo quente, e estavam todos bem agasalhados. Os médicos e as enfermeiras atendiam a cada um deles, de um lado os homens e, do outro, as mulheres.

Logo eles seriam transportados para a casa de repouso, e aos poucos restabeleceriam suas forças. Os irmãos brincavam e sorriam, animavam os velhinhos que sorriam agradecidos.

Ao lado havia uma sala de espera enorme que estava repleta! Algumas pessoas conversavam, outras sorriam, algumas estavam em silêncio, sentadas ou de pé, e no seu rosto víamos um ar de preocupação.

— Esses irmãos receberam alta, e em poucos instantes vão embarcar para seus novos destinos – falou baixinho Maria Rita. – Olhem, ali estão os carros encostando.

O motorista usava o mesmo avental que os demais trabalhadores, que organizavam o embarque, beijavam e abraçavam os viajantes que saíam com os olhos marejados de lágrimas.

Em pouco tempo a sala ficou vazia – os últimos a subir no veículo foram os irmãos de aventais brancos. Acenaram e vimos os veículos deslizando lentamente enquanto desapareciam pelo túnel iluminado.

— Notei que alguns irmãos pareciam tristes e preocupados, ou estou enganada? – comentei.

— Não, Rosa, você está certa. Pois muitos espíritos saíram daqui já conscientes de toda a sua trajetória. Alguns contraíram dívidas imensas com o Pai Criador e estão cientes de que serão levados a servir nos campos da dor, ou melhor, no nosso conhecido Umbral.

Antes de sair da sala de espera, observamos que alguns trabalhadores plasmavam a purificação ambiental, faziam a limpeza. Logo a sala estava repleta de novos irmãos aguardando pelo embarque.

Retornávamos quando algo nos chamou a atenção: uma tela imensa mostrava pai Antonio, que abençoava os trabalhadores, dava instruções e conselhos, orientava como deveriam agir.

Os trabalhadores estavam todos ligados à sua energia. Os doentes estendiam as mãos para ele, que os abençoava e dizia palavras de conforto e de esperança.

Paramos e observamos aquele espírito iluminado que projetava luzes de todas as cores, tocando com carinho e amor todos os irmãos.

"Pai Antonio, ajude-me, pai Antonio, ajude-me", essa é a frase mais proferida naquele pronto-socorro, tanto por velhos quanto por jovens e crianças. Ele flutuava tocando um por um, que ia se animando e se sentindo seguro com a presença dele.

Ele encaminhava pessoalmente cada um dos filhos à sua nova morada. Vimos que se despedia do novo grupo que partia em missão, prometendo ir visitá-los em breve.

Todos nós, em silêncio e de mãos dadas, deixávamos as lágrimas correrem livremente. Maria Rita sorria enquanto as lágrimas desciam de seus doces olhos.

Ao sairmos do local, estávamos embargados pela emoção. Atravessamos o pátio que nos conduziria até a saída, e notei que os primeiros raios da aurora clareavam o céu.

Ao ver os trabalhadores se movimentando de um lado para o outro, percebi como é impressionante a dedicação e o amor daqueles irmãos trabalhadores que estão tão perto da coroa terrena.

Na saída encontramos a irmã encarnada se despedindo, pois precisava retornar ao seu corpo, já que logo mais deveria despertar na matéria para seguir para seu trabalho de rotina. Alguns amigos espirituais agradeceram por sua participação, e animaram a moça pedindo-lhe paciência, pois ela não estava sozinha e todos a amavam.

Quase corri com medo de não ter mais tempo de abraçá-la antes de regressar ao corpo. Todos nós abraçamos aquela amiga e acompanhamos seu regresso ao corpo carnal. Foi como acionar um botão e o ajuste ser de imediato: vimos o espírito se aquietar na matéria, ajustando-se a ela e ficando em absoluto repouso.

Maria Rita nos convidou para sentar, um suco de sabor agradável foi servido, e depois ela nos levou à biblioteca, com vários livros cuidadosamente arrumados.

Várias pessoas trabalhavam em salas ligadas ao salão da biblioteca. Clarice, a encarregada pela biblioteca, muito amável, mostrou-nos como buscar e identificar os assuntos procurados.

A tecnologia espiritual usada ali era fantástica, e a organização era perfeita. Muitos irmãos trabalhavam na administração do pronto-socorro, cuidando para que nada faltasse.

Ficamos aos cuidados da Clarice, que nos levou a cada repartição, e conhecemos vários espíritos que planejavam seu trabalho e selecionavam por critérios todas as solicitações feitas pelos irmãos encarnados.

Entramos na sala de um irmão muito extrovertido e brincalhão, que mostrou um painel mapeado com um pedido feito por uma irmã encarnada: ela queria encontrar alguém para dividir sua vida carnal. Ele levantou a ficha dela e apontou:

— Dificilmente ela encontrará alguém como deseja. Ela nos pede ajuda, alega ter dificuldades em firmar-se com seus companheiros, mas quem coloca os obstáculos em seu caminho é ela mesma.

Vimos a moça se deixando levar sempre pelas emoções, e nunca pela razão. Sempre se envolvia com homens comprometidos, noivos ou casados. Sem ter consciência de sua fraqueza, ela queria se vingar de outras mulheres, tentando roubar seus noivos ou maridos. Assim, ela se envolvia com esses homens e acabava sofrendo duas vezes: de paixão e de orgulho ferido.

O irmão apontou alguns trechos dolorosos de suas últimas existências e comentou:

— Vamos, com muito cuidado, mostrar a essa filha o que é o verdadeiro amor. Quem sabe assim ela se conscientiza de que o amor é um sentimento nobre e puro. Vejam, meus caros amigos, quantas tolices nossos irmãos têm coragem de pedir: namoro, vingança, ganhar nos jogos, enganar os outros, ter sorte ao roubar e até mesmo a morte de alguém. Antes de enviar os pedidos para aprovação do responsável, selecionamos cada um deles com muito critério e carinho, analisando caso a caso, pois às vezes um filho que faz um pedido absurdo pode estar precisando de um socorro urgente.

O irmão continuou explicando o trabalho:

— Todo trabalho fica arquivado na biblioteca local, à disposição dos trabalhadores. Quando existem dois pedidos feitos ao mesmo tempo e no mesmo local pela mesma pessoa, são automaticamente cancelados. As casas devem passar a orientação dos trabalhadores aos frequentadores, instruindo a eles que não se dirijam a dois mentores para fazer o mesmo pedido. Se os filhos não confiam em um, por que iriam confiar em outro? Essas pessoas ansiosas e desconfiadas precisam acreditar mais em Deus. Além disso, muitas vezes é necessário encontrar Deus não pelas estradas

das flores, mas entre os espinhos, pois só assim aprendemos a valorizar o que Ele nos oferta. Todos os filhos que foram socorridos na casa são registrados na biblioteca local, e todos os filhos encarnados que passam por ali são registrados na casa.

Saímos da biblioteca agradecendo à Clarice pela boa acolhida. Chegando ao pátio que dava para o jardim, os primeiros raios de sol já iluminavam todo o pronto-socorro. No ar entoava-se uma Ave-Maria cantada com tanto amor e sentimento que não havia uma só alma que não se emocionasse.

De mãos dadas nos ajoelhamos no gramado. Fechamos os olhos e ouvimos as primeiras orações matinais. O perfume das flores vinha ao nosso encontro, completando aquele momento de tanta beleza.

21.
A SABEDORIA DE PAI ANTONIO

Maria Rita levou-nos ao local onde pai Antonio já estaria presente. Entramos na sala, e posso lhes dizer que eu, como espírito, jamais tinha visto algo semelhante.

Teto, paredes e chão feitos de luz, um coro de anjos entonando uma canção suave, uma imagem da sagrada família no alto. A imagem viva de um coração iluminado, jorrando pétalas de rosas brancas, que caíam sobre pai Antonio, se misturavam ao ar perfumando do ambiente. Uma profusão de cores saía do seu coração e formava um grande arco-íris em volta dele.

Ajoelhamo-nos emocionados: ali estava um exemplo de amor e simplicidade, um espírito puro que servia as mesas do Senhor por amor e bondade. Oramos de mãos dadas. Pai Antonio virou-se para nós, mas não podíamos ver seu rosto nem seu corpo por completo: ele era só Luz.

Pai Antonio nos abençoava e falava palavras que somente um Mestre que já atingiu aquele grau poderia conhecer. Ali, diante daquele mestre, ouvimos muitos ensinamentos. Ele nos convidou a sentar. Vimos sua imagem flutuando na nossa frente, então eu entendi perfeitamente o porquê de ainda não conseguir enxergá-lo por completo: eu ainda preciso caminhar muito para alcançá-lo.

— Minha filha, você me pediu uma explicação mais detalhada sobre a importância e a responsabilidade que se deve ter em uma casa de oração. Muitas vezes, os espíritos encarnados só se dão conta da importância de uma casa de oração no momento de desencarnar, quando precisam delas. Encarnados, passam por elas sem dar sua real importância. Outras vezes participam de uma maneira irresponsável, ou, ainda, com boa vontade e cheios de fé, mas nunca se interessam o suficiente em conhecer o que a liga ao plano espiritual.

"Quando o Pai Maior autoriza um filho a se filiar às legiões espirituais de socorro, ele deve estar preparado e consciente da grande responsabilidade assumida perante o mundo carnal e espiritual. Nunca um discípulo de Jesus deve assumir o posto de chefe de um rebanho almejando ganhar fortunas, sucesso ou tratamentos especiais diante do seu próximo. Um filho de Deus, quando assume a direção de uma casa espírita, deve se concentrar e se aprofundar nos estudos da Lei Maior.

"Não pode se deixar levar pelo orgulho e pela vaidade, acreditando que tudo o que é desenvolvido na casa é mérito seu, pois tudo o que é desenvolvido dentro de um centro espírita deve sempre ser interpretado da seguinte forma: não é obra minha nem tua, mas sim de Deus. Um centro espírita deve ser muito bem planejado, de preferência em lugares simples e carentes, pois as necessidades do Pai Maior em juntar seu rebanho perdido não estão dentro em uma área luxuosa.

"Lembremos da chegada de Jesus Cristo ao mundo: ele sendo o Rei dos reis nasceu como o mais simples dos homens. Portanto, devemos estudar, escolher e planejar o local ideal para implantar o nosso pronto-socorro. Imaginem se um rico necessita de um pronto-socorro! Ele apenas chama seu médico à casa. Agora imaginem uma família sem recurso material algum, necessitando de um médico com urgência, é o pronto-socorro público mais próximo que a atenderá.

"No local escolhido, começamos a construção e a montagem do pronto-socorro. Da mesma forma que o dirigente prepara seus aparelhos na Terra, nós preparamos o plano espiritual. Passamos toda instrução necessária a esse filho, mostramos onde, como e o que deve se firmar para a sustentação e a ligação da casa com a nossa disposição. Uma casa erguida em tais condições estará sempre a salvo, será uma casa de progresso, especialmente se todos os trabalhadores tiverem consciência de suas tarefas.

"Todavia, nem todas as casas são preparadas e erguidas da mesma forma. Cada uma delas tem seus mistérios, e a chave dessas passagens é entregue ao dirigente que conhece cada entrada e saída de sua casa. Além disso, os dirigentes devem ter em mente que um centro espírita não é um lugar móvel, que pode ser mudado no momento que desejarem. Quem age dessa maneira certamente não está apto a dirigir algo sério como um pronto-socorro das almas.

"Os dirigentes não gozam de privilégio algum no processo de trabalho – são apenas trabalhadores a serviço da Lei, assim como os espíritos. Por isso é fácil identificarmos um fiel servidor da Lei Maior: ele tem caráter, responsabilidade, humildade e disposição para servir, aprender e ensinar.

"Porém, é com muita tristeza que vemos filhos sem preparo algum ou condições morais e espirituais abrindo centros espíritas que só atendem ao plano físico, sem uma área espiritual construída. Nesses locais há dissabores e ruína, pois essas casas não receberam uma Ordem do Pai Maior para exercer nenhum trabalho espiritual em Seu nome. Alguns ficam cegos pela vaidade, pelo orgulho ferido, pelas mágoas e, muitas vezes, usam a casa como meio fácil de ganhar a vida, cobrando por trabalhos, consultas etc. É como se Deus colocasse à venda Seus trabalhadores. É como se os espíritos fossem produtos de consumo.

"Deus, tenha piedade daqueles que não acreditam na vida do espírito, pois esses pobres filhos com certeza não sabem o que é o mundo espiritual de fato.

"Citarei um exemplo para vocês compreenderem melhor a responsabilidade de um dirigente espiritual: digamos que, por vaidade, simpatia e pretensão pessoal, um desses filhos queira construir um belíssimo e moderno hospital. Digamos que esse alguém construa o maior hospital do seu país, e que esse hospital tenha os mais avançados equipamentos do mundo, que tudo aos olhos do homem esteja impecável. Mas se quem construiu tudo isso não se preparou e não tem conhecimento para aplicar a medicina, o que fará com os pacientes desse hospital? Para aplicar os trabalhos do Espiritismo o médium deve ter conhecimento da ciência, pois nenhum médico pode operar se não conhecer a utilidade de cada instrumento.

"Da mesma forma, um dirigente vaidoso, orgulhoso e mal preparado pode cometer muitos erros com aqueles que lhe são levados para receber ajuda. Imagine um médico usar os instrumentos em um paciente com uma doença contagiosa e, logo em seguida, usar os mesmos instrumentos em outra pessoa sadia. O que vai acontecer? Por vezes deparamos com médiuns que se aproveitam dos trabalhos dos espíritos e tentam aplicá-los em outras pessoas com o mesmo método. Acontece que os espíritos é que sabem o que estão fazendo, e tentar imitá-los pode ter consequências desastrosas."

Nosso pai Antonio nos explicou tantas coisas maravilhosas – somente um ser iluminado como ele era capaz de ter tamanha sabedoria.

— Na parte destinada à assistência, como você mesma viu, a sala é exclusiva para os visitantes. Na porta de saída dos encarnados está o portão comandado pelos guardiões, que verificam a entrada e a saída de todos aqueles que passam por ele. Muitos são trazidos para a casa e recebem os primeiros-socorros enquanto aguardam as portas se abrirem para dar passagem aos trabalhadores espirituais, que fazem a seleção. Dependendo do estado de cada um, são transportados ou recebem os primeiros-socorros ali mesmo.

"Os trabalhos de uma casa devem obedecer à seguinte ordem: trabalhadores encarnados e espíritos, que assumem um compromisso com a casa no dia e na hora certos, devem se apresentar dispostos a servir ao Pai Maior. Os espíritos jamais faltam aos seus compromissos, e os médiuns que faltam atrapalham os espíritos, pois estes ficam sem seus instrumentos de trabalho, que são os médiuns, e, incapacitados de ajudar no trabalho de resgate dos desencarnados, deixam de aplicar seus conhecimentos, pois lhes faltou algo de extrema importância: o seu instrumento de trabalho, ou seja, o *médium*. Na verdade, o maior perdedor é o médium, que não cumpre sua tarefa. Portanto, é primordial a presença do médium nos trabalhos espirituais. O espírito necessita dele para desenvolver trabalhos tanto para os encarnados quanto para os desencarnados ainda ligados à influência carnal. Se o papel do médium não fosse fundamental, os espíritos agiriam por conta própria.

"O posto é provido de tudo o que é necessário. Espíritos em tratamento ou em débitos precisam de alimentação e higiene. Muitos trabalhadores qualificados atendem naquela área. Ali são investigados a origem dos prisioneiros, seus crimes e seu grau de espiritualidade. Juízes, advogados, médicos, generais e mestres (mentores espirituais) discutem o tratamento mais adequado a cada um. Então, os irmãos são entrevistados, avaliados e separados em grupos, de onde seguem para manicômios espirituais, reformatórios, hospitais e o Umbral.

"Os espíritos trabalhadores se revezam, não tem hora de descanso para ninguém. Noite e dia se discute o destino dos resgatados. Diariamente entram e saem espíritos doentes e sadios. Os irmãos encarnados responsáveis pela manutenção e pela limpeza dessa área necessitam ter muita cautela e concentração no seu trabalho para não interferir nem atrapalhar o trabalho dos espíritos."

Todos os irmãos estavam sérios e preocupados. Nós, espíritos, nunca tínhamos imaginado que uma casa espírita seria um local tão sério e importante para o trabalho de ajuda ao próximo. Como disse o pai Antonio, às vezes é no mundo dos espíritos que descobrimos uma realidade tão visível.

Eu estava compenetrada nesses pensamentos quando fui despertada pelo bondoso pai Antonio:

— Minha filha, sempre é tempo de despertar – dizia. – Desejo que você participe mais dos nossos trabalhos, pois a colaboração de cada um no mundo dos espíritos é importantíssima. Espero que você e seu grupo de amigos tenham entendido minhas explicações. Se tiverem alguma dúvida, por favor, perguntem!

Vi nitidamente a expectativa no rosto de cada um – todos queriam fazer perguntas ao mestre. Então, eu levantei a mão, e ele consentiu com seu jeito carinhoso de ser.

— Pai Antonio, além dos trabalhos desta casa, o senhor ainda participa de alguma outra tarefa?

— Filha, como um soldado de Cristo, estou sempre disposto a Servi-Lo. Sou colaborador nesta casa e em várias outras casas espalhadas pelo planeta, e em todas elas faço tarefas semelhantes. Participo de reuniões e decisões em que a vida está em julgamento. Até acredito que seja um gesto carinhoso de tratamento quando me chamam de "Juiz da Luz", "Mestre da Luz", "Pai da Luz", "Amigo da Luz". Mas nunca me envaideci por esses nomes que me dão. Sinto-me, mesmo, como um pequeno soldado que todos os dias aprende algo novo com seus irmãos, e quanto mais sirvo ao Mestre mais recebo. Portanto, amados filhos, sou apenas um soldado em missão, o menor de todos eles. Sou o menor grão de areia perto da montanha que é Jesus Cristo.

Estávamos emocionados demais, nosso mestre e guia mentalmente nos chamou. Demos as mãos e fizemos um círculo em volta do pai Antonio. O nosso mestre começou a cantar em um tom suave. A Luz que saía do seu coração colocava a música na letra, que dizia assim:

Soldado de Cristo
Luta pela Paz,
A sua arma
É um olhar cheio de paz!

Ajoelhamos em torno dele. Sua Luz refletia-se em cada um. Ele nos abençoava emocionado, agradecendo a Deus e recomendando os nossos caminhos. Deixamos a sala e fomos acompanhados pela irmã Maria Rita e pelo pai Antonio a outra sala. Sentamos reconfortados, agradecendo a Deus pelos momentos vividos ao lado de um mestre.

O sol se levantava no horizonte. "Meu Deus, como tudo isso é bonito!" Na Terra, como encarnados, jamais imaginamos que como espíritos sentiríamos as mesmas sensações, as mesmas emoções, o mesmo amor e a mesma admiração pelas coisas belas. Tudo isso era tão real, o céu, o sol, as flores, os pássaros, as pessoas, os sentimentos. Não consegui segurar duas lágrimas que teimaram em descer pelo meu rosto. Pai Antonio me abraçou, e encostei a cabeça em seu peito.

— Ah, paizinho, é impossível ao seu lado duvidar da bondade de Deus. Perdoe-me, pai Antonio, o senhor me desperta tanta alegria e tanta vontade de viver! Tenho vontade de gritar a quem não pode vê-lo nem ouvi-lo com os olhos carnais que o senhor existe como esse sol que se levanta e é uma Grande Luz!

Nosso mestre nos deixou conversando com a irmã Maria Rita, que nos serviu um suco perfumado e reconfortante. Ela acionou um botão e começou a nos mostrar passagens do trabalho de pai Antonio. Confesso que chorei do começo ao fim.

O filme a que assistimos mostrando a vida espiritual do pai Antonio foi o ponto decisivo para mim. Ele mostrava suas visitas às colônias de sofredores, as palestras nos centros espíritas, nas quais defendia as causas espirituais, as visitas aos hospitais, nas quais instruía médiuns e consolava desesperados. Comparei-o com o vento que corre de norte a sul, espalhando-se por toda parte. Vi nele o sol que brilha para todos, sem ter preferência por climas ou lugares. Descobri nele uma fonte inesgotável de amor, carinho, paciência e paz. Encontrei nele o desejo de crescer, vencer e não temer! O desejo de seguir adiante e ao mesmo tempo ficar e servir.

Entre lágrimas, pois todos choravam de emoção, vimos que ele preparava as legiões de trabalhadores das casas que dirigia. Vimos pai Antonio com outros mentores, em outros trajes, com outros nomes, mas o coração era sempre o mesmo.

Só então pudemos compreender por que todos os espíritos o chamavam de "pai" e o veneravam. Não era por medo ou movidos por outros sentimentos negativos, mas por amor, amor e amor, pois esse "ser" só transmitia Amor, Amor e Amor.

Todos os guardiões e todos os trabalhadores se curvavam diante dele, não pelo seu cargo, mas por tudo o que ele inspirava, por tudo o que ele era.

Os mestres estavam de volta. Foi pai Antonio quem falou primeiro:

— Seguirei com vocês até a crosta terrestre, pois tenho um trabalho missionário e um grande encontro espiritual. Precisamos buscar sempre inovações e melhorias para nossos hospitais. Os irmãos que desenvolvem a ciência e a tecnologia espiritual estão sempre apresentando e propondo mudanças. Nós precisamos conhecer e apoiar esses trabalhadores que estão sempre preocupados em nos ajudar, melhorando nossas condições de trabalho. As mudanças sempre se fazem necessárias, principalmente quando elas vêm do alto. Vejam bem: quando Jesus Cristo desceu ao planeta, levou mudanças que revolucionaram o mundo inteiro, mas não alterou a Lei do Pai Maior, a Lei do Amor.

Despedimo-nos de Maria Rita, que abraçou o pai Antonio e recomendou:

— Deus o acompanhe e guie, meu pai. Volte logo para nós. Sei que sua casa é o coração de Jesus, mas nós precisamos muito do senhor.

Ele a abençoou dizendo:

— Que o Senhor esteja sempre contigo, como estamos Nele. Voltarei em breve, minha filha. Fique com Deus e zele pelos nossos irmãos.

Saímos pelo jardim onde um jardineiro molhava os canteiros floridos. Ao avistar pai Antonio, ele veio correndo enquanto secava as mãos no avental. Pai Antonio o abraçou, abençoando-o em nome de Deus.

Chegamos ao portão de saída. Um guardião, curvando-se diante do pai Antonio, abriu o portão, onde um veículo já nos aguardava. Pai Antonio cumprimentou todos, apresentando-nos como filhos em missão. Olhei para aquele lugar tão bonito, repleto de irmãos envolvidos com a fé e a caridade. Estava deixando para trás uma verdadeira "escola dos espíritos", a casa de um grande mestre.

22.
SEMENTES

De volta à crosta terrestre, pai Antonio recomendou-nos ao responsável da colônia, que já nos aguardava. Depois de abraçar um a um, seguiu sua missão. Nós fomos convidados a ficar até o dia seguinte para embarcar com a caravana que faria a ronda pelas colônias ao redor da crosta terrestre. No posto encontramos alguns amigos trabalhadores. Imaginem nossa alegria! Tínhamos tantas coisas a contar uns aos outros.

À noite, depois de acompanhar as orações em grupo, conversamos um pouco mais enquanto apreciávamos a beleza do céu límpido e estrelado e a lua cheia que brilhava entre as palmeiras do jardim.

Quando entramos no prédio, nosso mestre nos instruiu dizendo que não deveríamos nos ausentar e que todos deveriam se concentrar nos últimos ensinamentos. Além disso, recomendou que descansássemos ao máximo, pois gastaríamos muita energia dali para a frente. Os espíritos em crescimento necessitam de repouso, mas não dormem como o ser humano. Nosso corpo espiritual ainda é mais pesado que dos espíritos totalmente iluminados, como é o caso do pai Antonio, do nosso mestre e de outros espíritos que já flutuam pelas trevas e pela Luz.

Deitei em uma cama branca e limpa, e logo estava vivenciando uma grande experiência espiritual. Minha companheira de quarto me chamou a atenção, dizendo feliz:

— Graças a Deus, nós estamos progredindo, veja! Tanto meu corpo quanto seu já não são tão pesados como antes! Conseguimos flutuar! Misturávamos nossa alegria com nossa Luz azulada e separávamos a massa cinza do nosso corpo facilmente. Alaíde, radiante, propôs:

— Sabemos que não podemos sair daqui, mas vamos fazer uma experiência: separe-se do corpo, junte suas energias às minhas, e vamos observar nossas formas!

Logo descobrimos que juntando as nossas energias, que são fontes de Luz, nos tornávamos leves e transparentes. Deixando o corpo espiritual, fomos ao encontro uma com a outra e, para nossa alegria, descobrimos que os espíritos se misturam e se transformam em uma só Luz; não sabíamos quem era quem na forma, mas tínhamos nossa mente, sentimentos e personalidade bem definidos.

Brincávamos como duas crianças. Alaíde falava:

— Veja, Rosa! Quem pode separar água da água? Quem pode separar luz da luz? Só Deus, só Deus é quem pode! Quando tivermos a oportunidade perguntaremos ao mestre para ouvir o que ele tem a nos dizer sobre isso.

Enquanto os nossos corpos etéreos descansavam, nós fazíamos planos. Luz com luz trocando ideias, não é interessante? Luz pode falar? Claro! Nós estávamos ali, vivas, conscientes, e éramos dois raios de luz, mas tínhamos uma personalidade definida.

Como duas crianças que descobrem uma grande façanha, voltamos para o nosso corpo e logo adormecemos. Acordamos com uma música suave e a voz de um dos irmãos trabalhadores da colônia nos chamando para a corrente de oração. Levantamos e fizemos a nossa higiene pessoal. Usando nossos conhecimentos espirituais, plasmamos vestes, calçados e até alguns acessórios femininos. Quanto mais bônus conquistamos com o trabalho, mais recursos espirituais conseguimos. É isso mesmo, no mundo espiritual nós juntamos bônus para nos manter da forma mais agradável. Logo nos juntávamos aos demais irmãos, que pareciam bem dispostos e descansados.

Nosso instrutor nos abençoou. Acompanhamos os trabalhos de oração, ouvimos a palestra instrutiva e em seguida fomos à administração da colônia. Os primeiros raios do sol entravam pela grande janela da sala; ainda podíamos ver gotas de orvalho nas folhas e nas flores que enfeitavam a sacada da janela. O simpático mentor pediu para as suas auxiliares servirem um chá para nós, que segundo ele era de frutos colhidos na colônia. Realmente o chá tinha um sabor agradabilíssimo.

Naquela colônia as pessoas pareciam felizes e incansáveis, e notei que se revezavam em todas as tarefas. O mentor nos acompanhou no chá. Assim que terminamos, levou-nos até a sala de espera, onde aguardaríamos o pessoal que fazia a ronda, pois pegaríamos uma carona com eles. Então, o mentor me dirigiu uma pergunta de surpresa:

— Senhorita Rosa, o que achou de sua visita ao centro espírita?

— Sinceramente, senhor, jamais imaginei que o trabalho de um médium pudesse ajudar e influenciar tanto o mundo dos espíritos – respondi sem demora. – Acredito que nem todos os médiuns têm consciência de quanto eles podem colaborar conosco. E quanta honra receber instruções e vibrações espirituais de personalidades como o senhor, pai Antonio, e outros tantos irmãos iluminados. Somente agora em espírito pude entender e ter interesse por um trabalho tão bonito e sério. Eu poderia ter conhecido e participado desse trabalho enquanto encarnada, mas me envolvi apenas com a paixão da carne.

O mentor ficou sério e me respondeu:

— O importante, minha irmã, é que você se voltou para si mesma. Naturalmente, teria sido magnífico se você tivesse aplicado seu tempo em coisas melhores como a alma. Mas, enfim, você está aprendendo que viver pode se tornar uma bênção quando estimulamos nossa mente a seguir sempre adiante. A experiência de visitar um centro espírita e conhecer suas dependências será de um valor inestimável no futuro para todos vocês.

Olhando para o nosso instrutor, piscou o olho e disse:

— Meu bom amigo, você está preparando bem seus filhos, pois percebo que eles estão crescendo depressa, e isso é muito bom. Em breve teremos novos guardiões, boas sementes que vão germinar e florir em nossa amada Terra, levando sombra e abrigo para os irmãos perdidos e caídos na estrada.

E continuou falando:

— Às vezes, meu amigo, sinto saudade da nossa mãe Terra. Eu adoro essa bola azul e verde! Aqui, tão próximo dela, me sinto um pouco em casa. Em todas as minhas passagens como encarnado, fui muito feliz, as dificuldades que são normais na matéria nunca me afetaram. Adoro saber que estou vivo, que existo e que posso fazer uma porção de coisas boas.

Nós nos entreolhamos sem entender nada. O mentor, rindo, disse:

— Pois é, filhos, somos a semente da vida. Como uma árvore, passamos por vários estágios até alcançar a fase final: amadurecer.

Olhei para o nosso instrutor, que estava, como sempre, calmo e sereno. "Meu Deus!", pensei. "O que será que ele está querendo nos dizer?" Senti um pouco de medo. Então, nosso instrutor pediu:

— Meu amigo, pode explicar um pouco mais esse assunto para os nossos irmãos, que me parecem assustados com sua declaração?

— Claro, vou me explicar melhor. Meus amigos, o que seria do planeta se apenas as sementes adoecidas fossem lançadas sobre a Terra? Nós, frutos amadurecidos e sadios, temos por obrigação, mas em um gesto de amor, reconhecimento e muito carinho, participar da plantação e servir de adubo e reforço para a vida das pequenas e frágeis sementes. Muitos espíritos sadios e amadurecidos por livre e espontânea vontade voltam como sementes, renascendo na Terra, oferecendo seu corpo físico e o amor espiritual, recebendo os filhos de Deus como sendo seus. Revezamos nessa magnífica tarefa: enquanto uns plantam, outros brotam, alguns regam, outros colhem. Este é jogo da vida. Não me importaria em fazer essa tarefa constantemente, mas temos critérios de prioridade.

"Vou citar um exemplo de prioridade espiritual: vocês acreditam que poderiam neste momento assumir o papel do pai Antonio, ou ele, o meu? Se houvesse neste momento a necessidade de escolher com urgência quem vai germinar na Terra, na opinião de vocês, quem deveria ir: eu ou um de vocês? Analisem sempre com a razão, a honestidade e a consciência."

Fomos levados a uma sala em que havia uma grande tela exibindo os irmãos que vinham da Terra, alguns alegres, outros tristes, revoltados, desacordados. Reparei que em todos os portões muitos irmãos que trabalham no resgate estavam equipados para recebê-los.

Os mortos (os irmãos recém desencarnados, ainda ligados à matéria) vinham organizados por idade, causas que o levaram à morte física etc. Vi acidentados, cegos, aleijados, deficientes mentais, idosos, crianças, jovens e adultos sendo conduzidos por portões que se destacavam por idade, doenças e causas da morte física. Notando meu interesse, o instrutor nos falou:

— Pessoal, o trabalho da nossa colônia é este que vocês estão vendo, ou seja, trabalhamos em uma área que atende a muitos chamados da Terra.

Vários trabalhadores fotografavam e registravam a entrada dos irmãos a serem encaminhados às colônias autorizadas a recebê-los. Todos vinham acompanhados de espíritos experientes, padrinhos, madrinhas ou espíritos amigos e familiares. Eles traziam um cartão de embarque que era apresentado pelo guia responsável pela "colheita", como assim é chamado o serviço.

Entravam, eram acolhidos, socorridos, e logo embarcavam para seus destinos. Com surpresa vi que alguns espíritos sorriam, aconselhavam os outros a aceitar a própria morte. Então, pensei, intrigada: "O que vêm fazer aqui? São espíritos limpos e puros!".

O instrutor respondeu-me:

— São as boas sementes que acompanham as sementes mais frágeis. Aqui elas têm livre acesso, entram e saem com naturalidade.

Uma senhora loira, com um olhar meigo e doce, aproximou-se da entrada. Uma das jovens foi correndo ao seu encontro. Elas ficaram abraçadas por alguns instantes, e vi que ambas tinham os olhos cheios de lágrimas. Ao se afastarem, a senhora falou:

— Alice, minha pequena, você está linda! Senti tanto sua falta.

— A senhora não pode imaginar o vazio que deixou em meu coração – respondeu a moça. – Quando amamos alguém, reservamos um espaço no coração e na alma, não foi isso o que a senhora sempre me disse?

— Sim, minha querida. O lugar de cada ser que amamos jamais é preenchido ou substituído por outro. Acumulamos amor na alma e no coração, mas nunca esquecemos daqueles que amamos. Por falar em acumular amor, tenho tantas novidades para contar. Ah! Como é bom estar de volta. Graças a Deus estou em casa novamente. Quero rever todos e continuar com o meu trabalho o mais rápido possível.

Então a senhora voltou-se para nós, que acompanhávamos curiosos o encontro das duas, e disse:

— Oh! Desculpe, meus irmãos. Fiquei emocionada e me esqueci de que ela está trabalhando, e suponho que vocês também.

Alice, enxugando os olhos e sorrindo, nos apresentou:

— Esta é a minha avó, Maria Júlia. Ela é a responsável pelo departamento de fisioterapia espiritual desta colônia. Seus auxiliares ficaram fazendo seu trabalho enquanto auxiliava os irmãos na Terra. Faz setenta e cinco anos terrenos que ela partiu me deixando a certeza do seu retorno, pois vovó conhece bem o caminho de nossa casa.

E, voltando-se para a senhora, disse:

— Vovó, esses irmãos estão de passagem por aqui. Eles seguirão com a Caravana da Ronda e vão visitar as colônias ao redor da crosta terrestre.

— Vocês vão aproveitar muito bem essa viagem, é uma das mais proveitosas lições. Chegaram a visitar a Terra? – disse a senhora ainda abraçada à neta.

— Eles foram ao centro espírita e visitaram suas dependências, foram a um dos centros dirigido por vovô. E por falar nisso, vovô saiu cedo hoje dizendo voltar logo.

— Não se preocupe, filhinha, ele foi me receber. Já nos vimos, e amanhã ele estará de volta. Estou animada para desenvolver minhas últimas experiências. Seu avô vai gostar das novidades colhidas na Terra.

Nisso entraram alguns irmãos que, pelos aventais, sabíamos que eram trabalhadores voluntários. Correram ao encontro da senhora, abraçaram-na emocionados, davam as boas-vindas a ela.

Reparei que as pessoas ali usavam um distintivo, uns no braço direito e outros no braço esquerdo. Todos os trabalhadores usavam aventais brancos por cima das roupas, que variavam em cores e cortes. Estávamos todos prontos para partir, e o mentor nos abraçou desejando felicidades. Alice e os outros auxiliares também nos desejaram boa sorte.

Na saída, vimos dois veículos se aproximando, que se assemelhavam a uma grande bola de cristal, limpos e aconchegantes. Em seu interior havia assentos reclináveis e música ambiente. Fomos apresentados aos guardiões que seguiriam conosco, todos jovens e simpáticos. Então, minha irmã me falou baixinho:

— Que sorte a nossa! Eu não me importaria de voltar a germinar ao lado daquele moreno.

Eu fiquei corada.

— Alaíde, pelo amor de Deus! Eles escutam o nosso pensamento!

— Melhor ainda se ele me ouvir, pois eu realmente não me importaria de voltar à Terra ao lado dele.

O nosso instrutor sorriu e nos respondeu em voz baixa:

— Dificilmente um guardião na posição dele deixa o comando para germinar, mas se a causa é um grande amor, acredito que isso seja possível, sim.

23.
Fonte Azul

O carro deslizava lentamente pela estrada ensolarada. As janelas abertas deixavam entrar o ar perfumado da vegetação. Estava absorta enquanto observava que tudo ali se assemelhava ao planeta Terra.

A estrada plana, a terra avermelhada e úmida, de um lado a outro, um vale enfeitado de flores, pássaros e muitos animais que corriam com a nossa passagem. Andamos por mais de duas horas nessa paisagem lindíssima que descansava nossa mente. Eu analisava cada passo da nossa excursão, tudo o que via, sentia e aprendia.

Avistei ao longe uma espécie de fronteira. À medida que nos aproximávamos vi que havia uma pequena construção dos dois lados da estrada. Um lindo jardim dando para um portão azul-claro com uma placa iluminada, que continha a seguinte inscrição: *Colônia Fonte Azul*.

Dois guardiões vieram ao nosso encontro. Reparei que eles usavam um uniforme azul e branco e tinham espadas, botas e capacetes dourados. Os dois eram idênticos, seus olhos azuis brilhavam como os raios do sol no azul do céu. Receberam-nos com toda simpatia e educação, como é peculiar aos guardiões. Creio que tenha ficado translúcida diante de meus próprios pensamentos: "Deus, eu nunca poderia imaginar que dois gêmeos pudessem ser tão parecidos e tão bonitos".

Entramos na sala de recepção, e um dos irmãos nos acomodou em poltronas azul e brancas. Então, percebi que tudo no posto era decorado de azul, branco e dourado – devia obedecer a alguma ordem espiritual.

Notei que Alaíde estava de fato envolvida pela emoção, pois ela não tirava os olhos do guardião alto, moreno, de olhos negros e profundos. Ele realmente era lindo, mas era um guardião! Alaíde era extrovertida e brincalhona, mas nunca a tinha visto se interessar por ninguém. Eu sentia medo só de pensar que pudesse sofrer. Aliás, eu ainda não entendia bem a vida amorosa dos espíritos.

"E agora, o que será de Alaíde? Será que ela não se prejudicará espiritualmente?" O nosso instrutor me cortou os pensamentos:

— Rosa, pare de se preocupar e procure manter seu equilíbrio. Com certeza, Alaíde está mais equilibrada e energizada que você. E desde quando, Rosa, o amor faz mal?

Fomos convidados a tomar um suco feito com a água da Fonte Azul, que logo mais conheceríamos. Um dos guardiões de olhos azuis, o mais bonito que já vi, nos apontou uma mesa: "Façam vocês mesmos seus sucos prediletos. As frutas estão aí, é só escolher e colocar neste aparelho para tomar o melhor suco da nossa colônia. Ele pegou uma taça, e vi que o suco borbulhava como se fosse o champanhe da Terra. Sorrindo, ele me disse:

— Adoro suco de morango.

Eu peguei uma manga e logo minha taça estava amarela. E assim vi cada um dos irmãos com as suas taças coloridas. Brindamos àquela dádiva de Deus.

Um perfume suave se espalhava pelo ar. Ouvíamos uma música belíssima, que eu procurei identificar de onde vinha, pois nunca soube de um aparelho que emitisse um som tão lindo e maravilhoso. Os guardiões da nossa caravana pediram licença e saíram com um dos irmãos gêmeos, o outro nos convidou para conhecermos a Fonte Azul.

Atravessamos um pequeno pátio coberto por um gramado verde e bem aparado. À sua volta havia pequeninas rosas azuis e brancas. Deparamos com uma paisagem cinematográfica, daquelas que só vemos em montagens de filmes. Duas pedras azuis formavam um coração. À sua volta filetes de cristais brancos jorravam águas azuis acima dele.

A música que ouvíamos no ambiente era produzida ali na fonte: o cristal tilintava criando uma das mais belas sinfonias que já ouvi.

Uma piscina natural forrada de pedras brancas, que brilhavam como prata sob os raios do sol, a água azul-clara borbulhava, continhas de ouro pulavam, formando um arco-íris que adornava o centro da piscina.

A Fonte Azul tem o formato de coração. Eu diria que ela pode ser considerada uma das mil maravilhas do universo. O guardião orgulhoso, que mantinha o olhar fixo na fonte, ofereceu a cada um de nós uma taça de cristal para bebermos a água da Fonte Azul.

— Bebam da sua água à vontade e tirem da fonte tudo o que ela oferece aos seus visitantes. Vou me retirar um momento, mas vocês podem ficar na Fonte e se banhar com sua Luz. Deus esteja com todos, nos veremos daqui a pouco.

Ficamos em silêncio observando a Fonte e ouvindo a música extraordinária. Como espírito, eu não acreditava que aquilo pudesse ser real. Mas estava ali na minha frente uma Fonte viva e real.

O nosso instrutor, elevando a mão direita para o céu, orava de olhos fechados. Do seu coração saíam raios de luz que vinham ao nosso encontro. De mãos dadas, formávamos uma corrente. Fechamos os olhos e pudemos ouvir a música que acompanhava a oração proferida pelo nosso mentor.

Obrigado, Senhor, por me receber de braços abertos,
mesmo eu sendo um pecador.
Todas as minhas palavras tornam-se pequenas
diante de Tua grandeza.
A Luz que ora inunda a minha alma vem de Ti, Senhor.
A beleza que encanta os meus olhos nada
mas é que Ti, Senhor.
Deixa-me beber dessa fonte límpida, fecunda e infinita.

E todas as minhas dúvidas se dissiparam, como o véu que cai mostrando a beleza da luz.

Obrigado, Mestre Jesus. Eu busco as palavras que alcancem Tua dignidade, porém todas elas se tornam pequenas em minha boca.

O nosso mestre encheu uma taça de água que escorria por seus dedos. Convidou-nos a beber e sugeriu que orássemos com ele.

Firmamos nosso pensamento no mentor e logo estávamos flutuando ao seu lado. Chegamos a um lugar seco, com apenas alguns troncos de árvores retorcidos na terra deserta. Nosso instrutor, então, disse:

— Mentalizem que deixamos nosso corpo ao lado daquela fonte rica e iluminada. Vamos levar as energias da Fonte Azul para os filhos que encontrarmos na estrada das provações terrenas.

Avistamos um grupo de irmãos vestidos com trapos e cobertos de pó. Eles estavam magros e mal se arrastavam pela estrada, uns amparando os outros. Uma velha carroça puxada por um cavalo magro, sua boca espumava de sede, isso era tudo o levavam. Uma senhora andava amparada por sua filha. Ela arquejava, faltavam-lhe as forças. O pulmão direito estava seco, o coração batia descontrolado, seu corpo estava completamente desidratado. Eu corri ao seu encontro, e voltei-me para o mestre gritando:

— Senhor, ela pode morrer! Ajude-a!

— Tenha calma, Rosa. Vamos trabalhar.

As seis crianças estavam desidratadas. Caídas nos braços de suas mães, arquejavam e gemiam. Vendo aquilo, eu comecei a gritar por socorro:

— Mestre, por favor, ajude-os! Não os deixe morrer assim!

Fiquei tão descontrolada que o instrutor precisou chamar minha atenção. Readquiri meu equilíbrio espiritual e perguntei:

— O que posso fazer para ajudar, senhor?

Nosso instrutor pediu para dois dos nossos irmãos auxiliarem na aplicação das energias espirituais nos doentes, pois era preciso mantê-los ligados à matéria. Os demais deveriam buscar socorro físico para a sustentação da matéria deles. Acompanhei o grupo de socorro. Antes de partirmos ainda vi o mestre mentalizando as energias da Fonte Azul e aplicando-as no mental da senhora que arquejava – então seu espírito aquietou-se, e a senhora parecia dormir.

Os outros assistentes aplicavam o mesmo tratamento nas crianças, e permaneceram para sustentar o espírito e manter a matéria em condições de sobrevivência até a nossa volta.

Volitamos rapidamente e avistamos uma caravana de mercadores: algumas carruagens puxadas por cavalos de alto porte, muitos homens fortes, embora estivessem cansados. Atrás vinha uma bela carruagem, e nela um senhor fidalgo bebia água fresca e examinava os estragos da seca, enquanto pensava: "Vou mandar os homens pararem, o sol já está ficando insuportável. Assim, descansaremos um pouco e no fim da tarde prosseguiremos com a nossa viagem".

Eu me abracei ao senhor e gritei:

— Pelo amor de Deus, não pare agora! Ordene a seus homens que prossigam o mais rápido que puderem, pois logo poderão alcançar o local em que as árvores, mesmo estando secas, ajudarão na armação de suas tendas. Por Deus, ajude-me, senhor! Faça essa caridade, e Deus se lembrará do seu gesto. Nós precisamos salvar aqueles irmãos que estão caídos de fome e de sede.

Um dos homens se aproximou do nobre e lhe disse:

— Senhor, os homens e animais estão cansados. Não seria conveniente pararmos para o descanso?

O nobre cavalheiro passou a mão pela barba. Eu gritava agarrada a ele:

— Senhor, senhor! Em nome de Deus, prossiga! Dentro de pouco mais de uma hora o senhor vai encontrar as árvores que facilitarão na armação das tendas.

Como se ouvisse o meu pedido, respondeu:

— Alberto, sei que o sol está ficando insuportável, porém, mais adiante vamos encontrar árvores que facilitarão o trabalho da armação das tendas.

— Obrigada, meu senhor, por me ouvir. Deus o abençoe – agradeci.

O fidalgo, se abanando, sorriu e falou alto para seu empregado de confiança:

— Ainda bem que eu não sou religioso, ou acreditaria que o mundo está acabando. Nunca vi seca como esta! O chão estala como vidro. É inacreditável como esse povo sobrevive a tudo isso.

Homens e animais pareciam ansiosos para chegar ao local apontado pelo patrão. Andavam rápido. Os irmãos aplicavam forças positivas e encorajavam os homens e os animais a andarem mais rápido.

Uma hora depois a caravana avistava os trapos amarrados em algumas árvores secas e algumas esteiras de palha rasgadas para cobrir o chão quente. Em cima delas, os corpos desfalecidos de crianças e de alguns adultos que ali esperavam pela morte.

Alguns corvos rodeavam a área. Havia um mau cheiro no ar, uma atmosfera avermelhada. Não se sentia um fio de vento passando por ali. O responsável pela caravana aproximou-se do fidalgo e lhe disse:

— Patrão, a área está infestada por mendigos. O que faremos?

O nobre deu ordem ao cocheiro para se aproximar da área, pois queria ir pessoalmente examiná-la. Agarrei-me a ele e lembrei-lhe:

— O senhor tem filhos! Olhe para essas crianças. Senhor, dê-lhes de comer e de beber. O senhor nada perderá fazendo isso, mas eles vão ganhar a coisa mais valiosa que pode existir: a vida.

O Senhor coçou a barba e, ouvindo os meus rogos, para o espanto dos seus homens, respondeu:

— Desmontamos e vamos armar as tendas. Mas, antes, vamos dar água e comida a esses infelizes que estão aí caídos! Melhor ainda, armem algumas tendas e transfiram os doentes, vamos ajudá-los.

Com a nossa ajuda, todos participaram do socorro dos doentes. Um dos homens trouxe um pouco de água fresca e começou a banhar os pequenos corpos desfigurados. Também os deixou engolir um pouco de água, o que foi controlado para não causar um choque no organismo seco e desidratado. Também colocaram leite de cabra na boca das crianças que pensavam estar sonhando. O senhor observava e pensava: "Pois é, sou criminoso, ladrão e trapaceiro, e se realmente existir o Céu, tenho consciência de que nem na frente vou passar. Mas, diante de tanto sofrimento, eu chego a pensar que tenho um coração". Alguns homens e mulheres agradeciam em nome de Deus, e o senhor pensava: "Onde está o Deus dessa gente abandonada dessa maneira? Onde está esse Deus de quem eles falam tanto?". Então eu respondi:

— Senhor, Deus está no seu coração, Deus está na alegria e na tristeza. Deus está na riqueza e na pobreza. Deus está nestes irmãos que o senhor acaba de salvar.

Logo todos repousavam: homens e animais, mulheres zelavam por seus filhos, obedientes aos ensinamentos de quem os havia salvado da morte. Uma colher de água e, minutos mais tarde, uma colher de leite. Esta era a recomendação.

O mestre continuava enviando as energias das plantas que rodeavam a Fonte Azul, a fim de manter o equilíbrio no organismo dos doentes. O senhor, sentado em sua poltrona, falou para seu empregado de confiança:

— Alberto, é a primeira vez que faço isso, e você deve estar assustado ou pensando: "Ele está envelhecendo", não é mesmo?

O empregado lhe respondeu:

— O senhor sempre soube o que fazer, jamais pensaria isso do senhor.

— Olhando para essas crianças, comecei a me lembrar dos meus filhos, que cresceram tendo a mesa sempre farta. Acredito que não existe uma pessoa que se conheça por completo, eu também nunca imaginei que um dia faria isso. Sei, Alberto, que se existir um Deus e um Céu, eu não serei recebido por Ele e jamais entrarei no Reino do Céu. Já cometi muitas faltas na minha vida, mas também acredito que já fiz algumas coisas decentes, como esta que acabo de fazer. Pensando bem, como sou um bom negociante, vou propor um negócio a Deus. Eu ajudarei Seus filhos, e Ele vai descontando das minhas dívidas. Como negociante, mantenho sempre minha palavra, e ninguém pode me acusar de ser desonesto. Vou fazer um acordo com Deus: como tenho muito dinheiro, vou investir em pobres. Se realmente Deus existir e se for honesto, vai levar em conta a minha palavra.

— Deus é honestíssimo, senhor, confie Nele. – Eu falava perto dele. – Isso mesmo, faça o bem aos pobres. Deus vai descontar dos seus débitos tudo o que o senhor investir. Hoje, por exemplo, ganhou um desconto imenso, e poderá obter muito mais, eu lhe asseguro.

O homem de sua confiança pensava: "Se o patrão entrar no Céu, com certeza eu vou entrar também, pois eu só executo as suas ordens. Lembre-se de mim, Deus! Vá me dando uns descontos também!".

— Faça sua parte, ajude os necessitados, e Deus terá muito prazer em negociar com o senhor – respondi-lhe. – Se o senhor quer ter bons descontos, ofereça bons produtos.

O rico senhor ordenou a Alberto:

— Acomode esse povo em nossas carruagens, pois levarei essa gente para uma das minhas fazendas.

— O patrão está falando sério? A maioria deles, senhor, é de velhos, crianças e doentes! Nada vão render.

— Desde quando eu preciso pedir opiniões? Estou lhe dando uma ordem, trate de cumpri-la – respondeu o patrão.

A caravana seguia deixando para trás apenas os rastros das carroças, que iam se apagando aos poucos. Corri até o senhor, dei-lhe um abraço e disse-lhe:

— O senhor foi maravilhoso e, acredite, é um dos melhores negociantes do mundo! Eu negociei a vida desses irmãos caídos com o senhor, mas o lucro maior foi seu, parabéns! Continue fazendo bons negócios com Deus.

Por um momento, rápido como um relâmpago, ele me viu e comentou:

— O sol deve estar me fazendo mal. Estou vendo coisas que não existem. Você acredita, Alberto, que vi a sombra de uma moça passando na minha frente? Vamos andando, aproveitaremos a noite de lua clara e adiantaremos a nossa viagem. Temos muitas provisões de água e comida, não é mesmo? Amanhã cedo nos reabasteceremos de leite e água no posto da encosta, e dentro de três dias estaremos chegando, se Deus quiser... A partir de hoje vou finalizar as minhas frases com "se Deus quiser...", pois vou tentar fazer grandes negócios com Ele.

De mãos dadas, orávamos, emocionados e agradecidos por mais uma vitória do espírito sobre a matéria. Nosso mestre fez a seguinte oração:

*Senhor, Tu és a água no deserto,
O mel que sustenta a vida,
A Luz que penetra nas trevas,
A mão que conduz.
Senhor, és meu Pastor, e nada nos faltará se nos conduzires.
Nos conduziste da Fonte da Vida para o lado da morte,
venceste a morte e nos devolveste a vida.
Rasgando as trevas mostraste-nos a Tua Luz,
Obrigado, Senhor, pelas Tuas obras, Mestre Jesus.*

Abrimos os olhos lentamente e estávamos de mãos dadas em volta da linda e serena Fonte Azul, enfeitada com cristais brancos que cantavam alegremente ao serem tocados por suas águas.

O mestre sorria e, virando-se para o nosso grupo, disse:

— Vocês foram ótimos, mas quero sublinhar a atuação de Rosa com o "Grande Negociante". Você penetrou fundo seus pensamentos, e mesmo que ele não admita que aceitou Deus dentro dele, você o fez reconhecer Sua existência. Todos atuaram de uma forma brilhante, foi um trabalho e tanto o de vocês! Deste lugar podemos retirar toda a energia necessária para levar para um lugar como aquele. Um coração iluminado pode penetrar as trevas doando Luz e ensinando o caminho aos que estão perdidos.

Foi uma lição e tanto! Senti-me a mais abençoada das filhas de Deus. Como é bom ser útil. Em cada uma daquelas crianças eu vi uma luz, uma esperança, uma vida. A Luz dos Mestres e seus ensinamentos foram um grande alimento para a nossa alma, bendito e louvado seja o santo nome do Senhor.

    Despedimo-nos daqueles dois anjos que guardam uma das mil maravilhas do Senhor, a Fonte Azul e seus cristais. Seguimos nossa viagem. O amor da minha irmã ficava translúcido na frente do guardião. Como será daqui para a frente? Teremos de nos separar deles. Como ela vai reagir?

    O mestre me lembrou:

— Onde está sua confiança em Cristo? Rosa, minha filha, precisamos acreditar na misericórdia divina. O amor puro e cristalino como aquele que você viu na Fonte é capaz de criar novos caminhos para o amor, como você mesma fez ao vencer uma grande barreira no coração do fidalgo senhor. Você o levou para perto de Deus. Sossegue seu coração, mantenha as vibrações positivas em sua alma, olhe para as paisagens que se abrem diante de nossos olhos, esqueça as preocupações, firme-se na alegria.

24.
Lírio da Paz

A paisagem ficava cada vez mais bonita. A estrada era plana, ladeada por verdes prados floridos, muitos pássaros nos sobrevoando. Observei que havia muitas áreas plantadas com frutos variados, estava tudo muito bem cuidado.

À medida que o nosso carro avançava, o ar se tornava perfumado, cheirava a flores e ervas. Lindas garças brancas cobriam a vegetação colorida. Chegamos a uma entrada cercada e vigiada por cães de raça, que ao perceber nosso carro latiram tanto que logo três guardiões apareceram e vieram em nossa direção.

Suas vestes eram luminosas entre as cores verde e vermelho. Eles portavam um pequeno aparelho preso no braço direito. Um deles apertou um botão em um painel. Na entrada, vimos que ele lia e conferia a ficha de cada um de nós. Tudo isso foi muito rápido – abriram-se os portões para nosso carro passar. Os guardiões desceram, cumprimentaram-se e logo estávamos entrando na sala do responsável pelo posto.

Colocaram os serviços do seu posto à nossa disposição – eram muito simpáticos. Nosso mestre e os guardiões foram conversar, como sempre acontece em todas as colônias: chefe e chefe se entendem em particular. Acredito que o motivo era muito importante.

Uma moça morena, de cabelos longos, traços asiáticos, estava ricamente vestida com trajes chineses. Ela entrou sorrindo e, ao nos cumprimentar, disse:

— O guardião Lucas pediu-me para acompanhá-los. Por favor, fiquem à vontade. Aceitam um licor de frutas? É feito aqui mesmo, no posto. Experimentem, vocês vão gostar.

Tomamos um licor saboroso e refrescante com um sabor divino. Em seguida, a moça, que se chamava Maeva, convidou-nos para um passeio.

Do outro lado do pátio havia um pequeno prédio onde funcionava uma escola. Várias crianças brincavam acompanhadas por professores.

— É aqui onde estudam nossos filhos adotivos. Nós adotamos crianças em recuperação espiritual, todos somos seus pais. Os irmãos trabalhadores deste posto moram na colônia Lírio da Paz, que é a mais próxima do nosso posto. Ali do outro lado ficam as nossas casas. Somos poucos habitantes aqui no posto, sendo que todos os guardiões daqui são casados. Trabalhamos para manter a colônia sempre em ordem. Cada um tem sua função: por exemplo, sou a responsável pela organização de todo material necessário para o uso das crianças. Sou eu mesma que plasmo tudo o que eles usam, mediante a personalidade e o tamanho do corpo espiritual de cada um deles.

Andamos e mais adiante duas mulheres colhiam verduras de uma horta, enquanto outras colhiam frutas do pomar. Avistando Maeva, acenaram sorrindo e vieram até nós. Ali tinha uma pequena fonte de água limpa e cristalina que corria sobre pequenas pedras. As mulheres lavaram umas frutas que se assemelhavam, no formato, a morangos, mas de cor lilás e sabor excepcional. Experimentamos maravilhados aqueles frutos bonitos. Perguntei a Maeva como se chamava aquela fruta e ela me disse:

— Manto de Maria. Essa fruta, meus amigos, controla a ansiedade, descansa e elimina qualquer cansaço. Todos os moradores daqui se servem dela pelo menos uma vez por dia.

"Interessante, muito interessante", pensei, "essa fruta seria tão benéfica em nosso planeta Terra, onde a ansiedade causa tantos males. Quem me dera poder levar as sementes e semeá-las na Terra".

Maeva sorriu e respondeu:

— Na Terra existem frutas com as mesmas características, mas o homem se alimenta de maneira equivocada, misturando muitas coisas que não combinam e que causam distúrbios e doenças, consequências dessa má alimentação.

— Então, aqui só vivem pessoas casadas? – perguntei.

— Sim, nesta colônia moram famílias. Somos pessoas que por afinidades espirituais desenvolvemos entre nós o vínculo do amor.

Alaíde esfregava as mãos em um gesto de impaciência e, nervosa, fez a pergunta que lhe pesava no coração:

— Guardiões de todas as colônias podem se casar ou apenas os guardiões de algumas colônias?

— Não é comum que os guardiões se casem, mas guardiões de todas as colônias podem casar, sim! Não há proibição alguma, desde que haja amor.

Ouvi o suspiro de Alaíde. Meu Deus, minha irmã de fato estava amando como nunca. Mas seria correspondida? O amor espiritual entre duas criaturas só se completa quando ambos se fundem em uma só luz, a Luz do Amor.

Conhecemos as casas, todas brancas e bem cuidadas, com jardins bonitos e sem muros. As famílias eram unidas, se respeitavam e se ajudavam.

Voltamos à recepção. Os guardiões já haviam retornado, e nosso mestre estava entre eles. Olhei para o guardião diante do qual Alaíde ficava iluminada. Ele olhava para Alaíde e percebi uma luminosidade em seus olhos. Fiquei em silêncio, lembrando das palavras do mestre. Não deveria estar pensando naquilo, mas temia ver Alaíde sofrer.

Fomos informados de que a colônia Lírio da Paz seria nossa próxima parada. Maeva nos disse:

— Meus pais e algumas pessoas da minha família moram lá. Visito-os sempre que posso, eles também vêm nos visitar. Adoro essa colônia, principalmente seus habitantes. Vocês vão conhecer um pedaço do coração do Senhor.

Agradecemos pela boa acolhida dos moradores do posto e prosseguimos nossa viagem. Andamos durante o resto da tarde. O sol já queria se esconder no horizonte quando avistamos as primeiras casas da colônia.

A estrada era larga e plana, ornamentada dos dois lados por lírios brancos e plantas de um metro e meio de altura. Um perfume suave se espalhava no ar.

Chegamos ao portão de entrada, que tinha formato de lírio – tudo ali era branco e amarelo. Os guardiões, vestidos de branco com divisas amarelas, vieram nos receber.

Os portões estavam abertos, e fomos recebidos com cordialidade. Algumas moças, vestidas de branco com ornamentos amarelos e perfume de lírio, nos receberam com simpatia e cordialidade.

Havia um imenso jardim decorado a perder de vista, onde se formavam desenhos com as plantações de lírios brancos. Em torno desse jardim havia vários bancos. Uma piscina amarela cor de ouro cintilava aos nossos olhos, suas águas abrigavam centenas de peixinhos coloridos – parecia um céu estrelado entre os lírios.

Sentadas no jardim, muitas pessoas liam ou conversavam, outras passeavam em volta dele. Reparei que havia jovens, velhos e crianças. Do outro lado ficava um parque de recreação infantil com muitos brinquedos, onde muitas crianças se divertiam – umas pulavam corda, outras brincavam de roda, alguns meninos jogavam bola, outros, tênis.

Vi um casal jovem andando de mãos dadas. Eles foram até um banco, onde se sentaram abraçados. Sorriam se olhando e pareciam felizes. Ali realmente era um pedaço do Céu.

Maeva nos convidou para acompanhá-la até os alojamentos de visitantes. As moças ficariam na ala norte e os homens, na ala sul. O nosso mentor, acompanhado por um guardião, falaria com o diretor da colônia. Antes de se afastar do grupo, o mentor nos recomendou:

— Descansem, cuidem-se. Nós nos veremos logo mais.

O guardião moreno olhou para a minha irmã: seus olhos brilhavam. Vi que os dois se entendiam pelo olhar.

Acompanhamos Thereza, que ia nos mostrando alguns departamentos da colônia. Havia salas de leitura, música, conferências e encontros. Passamos pelo auditório, ouvimos muitas vozes que cantavam uma música bonita e ao mesmo tempo triste.

Thereza apontou para o outro prédio e disse:

— Ali fica a escola. Naquele outro prédio fica o hospital. Como vocês podem constatar, aqui dividimos afazeres, lazer e todo o trabalho da organização. Esse jardim central é livre para os encontros entre os moradores da colônia. Aqui temos um salão de conferências, que também é um ponto de encontro dos moradores da colônia.

Apontando para o outro lado, disse:

— Aqui ficam nossos Templos.

Em uma área cercada por lírios, separada por belíssimos jardins, havia construções idênticas.

Como fiquei só observando, sem falar nada, Thereza me respondeu:

— Todos nós amamos Deus, e não é pelo desencarne que deixamos de frequentar os Templos em que nos sentimos bem. Como vocês podem ver, aqui temos os

Templos onde os internados cultuam Deus como cultuavam na Terra. A diferença é que aqui todos os cultos são respeitados, pois sabemos que Deus é único em todos os Templos. A colônia Lírio da Paz foi toda planejada, tudo ali é perfeito. Os arquitetos de Deus uniram beleza e bom gosto ao erguer aquela cidade linda e maravilhosa.

Chegamos às dependências em que nos instalaríamos. Thereza nos acompanhou até um dormitório amplo e iluminado, pintado de branco e dourado, com móveis simples mas de muito bom gosto.

— Os quartos dispõem de tudo o que vocês vão precisar, mas, se faltar algo, é só apertar este botão aqui que serão prontamente atendidas. A oração geral da colônia é transmitida às dezoito horas. Vocês podem acompanhar daqui mesmo, todos participam. Quando vocês ouvirem três toques luminosos, procurem mentalizar a oração, o quadro se acenderá por si mesmo. Às vinte horas estarei aqui para apanhá-las. Hoje à noite temos uma conferência muito importante e muitas visitas especiais, como vocês, por exemplo!

Agradecemos Thereza e sentamos no sofá branco e dourado da antessala, com muitas revistas e folhetos bem arrumados. Abri uma revista e acredito que fiquei cinza – na Terra falamos "fiquei pálida" ou "fiquei corada"; aqui nós falamos: "fiquei cinza, opaca" ou "fiquei brilhante e iluminada". A revista trazia algumas novidades da Terra.

— Alaíde! – chamei baixinho. – Veja só! Do mesmo jeito que as pessoas escrevem sobre os espíritos, os espíritos escrevem sobre os encarnados... Vem cá, veja esta reportagem espiritual!

Muitas reportagens com fotos e depoimentos dos encarnados na Terra que eram convidado a participar dos encontros espirituais em várias colônias, enquanto seus corpos físicos descansavam. Comecei a ler a reportagem de uma moça que acusava um centro espírita pela desgraça de sua vida. Alegava que ainda muito jovem procurou um centro espírita para ajudá-la, mas acabou se envolvendo com sua dirigente de maneira tão submissa que só fazia o que ela queria.

Contava que, sendo muito pobre, foi influenciada pela tal mulher a se casar com um rapaz de vida estabilizada. Fez isso não por amor, mas influenciada por sua mãe espiritual. Desse casamento teve filhos, mas a sua vida era um inferno, pois nunca amou nem gostou do homem que lhe deu sobrenome, casa, filhos e conforto.

Ela confessou que teve vários amantes e que começou a odiar o esposo, desejando por vezes sua morte. Não podia sair de casa porque não tinha como se manter e, além disso, havia seus filhos. Então, procurou outro centro espírita, um completamente diferente daquele em que se deixou levar pela ganância e pelo desamor nos ensinamentos de Cristo. Naquele centro a dirigente, em vez de incentivar seus filhos a se envolver com alguém por interesse, ensinava e explicava a doutrina do verdadeiro amor e a respeitar aqueles faziam parte da família.

Em lágrimas, a moça desabafou. Dizia que estava lutando para entender e compreender sua vida com o marido. Começava a se sentir uma traidora diante dos mestres daquela casa e, principalmente, diante de Deus.

Ficamos admiradas e curiosas para saber mais a respeito desses encontros noturnos. Realmente, tudo o que Deus faz é indiscutível. À noite, enquanto os corpos descansam, os espíritos se desprendem em busca de ajuda dos amigos e familiares. Mas será que todo mundo pode fazer isso?

Claro que não! E sabemos disso. Assim como temos irmãos que ficam no isolamento do Umbral durante anos a fio, também temos irmãos encarnados que ficam sem comunicação com amigos e familiares por anos e anos. Encarnam e desencarnam várias vezes sem encontrar seus familiares.

Alaíde me chamou a atenção, pois estava na hora de nos prepararmos. Ela tem mais experiência do que eu nos horários espirituais.

— Vamos aguardar, logo ouviremos o sinal para a oração das dezoito horas. Veja, os últimos raios do sol já se foram – o dia ainda estava claro, mas não víamos o sol.

Dali a pouco um pisca-pisca iluminou o nosso quarto, uma música suave e uma grande tela se movimentava mostrando imagens. Um senhor calmo e sereno, com aparência de santo, apareceu na tela abençoando a colônia e seus filhos. Passou uma mensagem lindíssima. Quando falava, olhava diretamente para todos – realmente não era necessário sair para saber onde ele estava, pois vinha ao seu encontro.

Ao lado dele havia várias entidades luminosas, todos com aparências angelicais. Assim que terminou de passar sua mensagem, convidou-nos a orar o Pai-Nosso. Vi-me no meio de uma multidão, Alaíde e eu estávamos de mãos dadas com outros irmãos.

Tomei um susto quando vi cair em minhas mãos uma rosa amarela. Estávamos sentadas no divã dentro do nosso quarto! Foi um momento mágico, emocionante. Beijei a rosa várias vezes, emocionada; Alaíde chorava e sorria com sua rosa branca entre os dedos. Colocamos as nossas rosas em um vaso que já estava com algumas flores, e então fomos nos preparar para encontrar os demais irmãos.

Nos preparamos como toda moça gosta de arrumar-se. Alaíde estava cintilante, parecia flutuar, ela preparou-se com bom gosto para a ocasião, mas por trás de tudo aquilo havia algo, ou melhor alguém, que havia despertado nela um sonho.

Às vinte horas estávamos prontas. Thereza chegou com seu perfume de lírio e seu vestido amarelo ouro que brilhava tanto quanto seus olhos. Ela nos elogiou:

— Vocês estão lindas, parecem duas estrelas recém-nascidas! Estão belas aos olhos de Deus.

Acompanhamos Thereza. Toda colônia estava iluminada por uma luz branca prateada. Atravessamos o jardim e chegamos ao centro comunitário, ou seja, uma praça imensa.

A fonte no jardim tinha formato de um lírio branco, suas águas eram transparentes e perfumadas. Um grupo de moças e rapazes conversava animadamente em volta dela. Avistamos nosso instrutor e o grupo de guardiões – entre eles estava o guardião alto e moreno que fazia a minha amiga Alaíde flutuar em seus próprios pensamentos.

Fomos apresentadas a outros jovens e seguimos para o teatro, que era um prédio magnífico, com arquitetura em forma de lírio gigante.

O teatro foi mesmo planejado por arquitetos divinos. As cadeiras douradas com assentos prateados e macios tinham o formato de lírio. Os lustres cintilantes, uma luz ora azulada ora prateada. As paredes brancas brilhavam como prata ao sol. O chão, forrado de pedras preciosas, formava grandes desenhos iluminados. O teto assemelhava-se ao céu estrelado, a luz azulada sobre o fundo branco prateado lembrava um céu azul com algumas nuvens brancas a navegar entre estrelas coloridas. As estrelas tinham o formato de lírios de todas as cores, e de instante em instante caía sobre nós uma chuva colorida. Gotas de luz caíam sobre nós como bálsamo – era um verdadeiro espetáculo celestial.

O teatro estava repleto. No palco, eram projetados jogos de luz, que, ao se encontrar, formavam uma fotografia de todos nós. No início, mostraram as moças: tantas moças bonitas que era difícil para qualquer um escolher a mais bela. As moças sorriam, piscavam, acenavam... Minha irmã acenava encabulada. Thereza piscou sorrindo. Lá no palco aparecia nossa fotografia e nosso nome.

Depois foi a vez dos rapazes. Nunca vi tantos jovens bonitos reunidos em um só local. Ali o que não faltava era bom gosto e beleza. Os guardiões, lindíssimos em suas fardas marcantes, acenavam – alguns sorriam, outros agradeciam aos mentores.

O guardião que mexia com o coração de Alaíde tirou o capacete acenando, mostrando uma cabeleira negra e cheia, o olhar firme e decidido. Seu nome apareceu nas luzes: Marcelo. Olhei para Alaíde, ela piscou rindo e apertou minha mão.

As luzes emitiam sons, fazendo-me lembrar das águas da Fonte Azul, que em contato com os cristais geravam uma sinfonia. As luzes foram lentamente se afastando como uma cortina de correr. Então, um jovem alto, elegantemente vestido e com um sorriso luminoso, entrou cumprimentado todos:

— Boa noite, meus caros irmãos – foi uma das saudações mais suaves que eu já ouvi em toda minha vida.

De pé, ele começou a falar para a plateia:

— Hoje é um dia muito especial para nossa colônia. Como todos os dias que amanhecem, despertamos com Ele na certeza de um amanhã muito mais bonito, seguro e confortante. Para contar pessoalmente sua grande aventura, eu chamo nossa irmã Clarissa! Uma salva de palmas para ela! – pediu ele.

Entrou uma moça. "Ou seria um anjo?", foi o que pensei quando a vi entrando.

— Bem-vinda, Clarissa! – disse o diretor beijando-lhe as mãos.

Clarissa era uma moça atraente, alta, morena, olhos que cintilavam como duas pérolas negras, cabelos lisos e brilhantes que desciam até a cintura. Usava um belo vestido na cor prata que se ajustava às suas formas delicadas.

Os presentes olhavam para ela sem piscar, em um gesto que apenas os espíritos iluminados sabiam se expressar.

— Meus irmãos, que a paz do Senhor nos abrande o coração, pois a bondade do Mestre é infinita para todos nós – cumprimentou-nos. – Olhando para cada um de vocês, eu vejo quanto fui beneficiada em minha caminhada. Enquanto atravessava os trechos escuros do meu caminho, vocês irradiavam Luz na minha estrada. As suas orações traziam-me o conforto e o sustento para o meu espírito. Muito obrigada, meus amados irmãos, sou muito feliz.

Abaixou a cabeça e nós vimos duas gotas brilhantes descendo pela sua bela face. O diretor abraçou-a em um gesto de carinho.

— Meus irmãos – disse-nos o diretor –, Clarissa chegou hoje à tarde, pois terminou sua missão. Fazia alguns anos que ela estava ausente da colônia. E nesse intervalo nos visitou três vezes. Hoje, ela está de volta, e acredito que reassumirá suas tarefas. É o que todos nós desejamos.

— Sim, irmãos. Eu conheço a maioria de vocês, mas vejo que alguns trabalhadores que ingressaram na Ordem vieram nos visitar. Vejo também que nossa família cresceu, alguns constituíram família, casaram-se e outros foram promovidos para outras esferas. Se assim for permitido, eu anseio começar a trabalhar o mais rápido possível. Adquiri alguma experiência nesse estágio pelo qual passei durante esse período que estive fora. Nas paradas que fiz para descansar o espírito, fiquei alojada em vários prontos-socorros da crosta terrestre, foi uma experiência maravilhosa.

"Cheguei hoje pela manhã. Já visitei os meus pais e revi vários amigos, mas falta um pedaço da minha vida:

o meu filho. Ainda não o vi nem o abracei. Nosso diretor disse que eu iria procurá-lo entre vocês. Percebo e vejo que procuro uma estrela no meio de tantas outras! Meu filho, onde você está? E você, meu amor, estaria entre essas luzes? Sei que não posso pedir tanto a Deus, mas minha alma anseia por vocês."

O diretor acrescentou:

— Bem, pessoal, Clarissa é a educadora de comunicação espiritual. Ela cuida das relações entre as colônias e é a responsável pelas boas relações que mantemos com a nossa vizinhança.

"Meus irmãos, os humanos acham que vivem do inesperado e das surpresas. Nós, espíritos, sabemos que o inesperado e as surpresas estão no plano espiritual, não é mesmo? É maravilhoso quando somos agraciados por surpresas agradáveis, e pessoas como Clarissa só podem esperar de Deus surpresas como a que ela vai ter esta noite. Por gentileza, apresentem-se aqui todos os guardiões de nossas colônias vizinhas e os mestres que acompanham as caravanas de alunos em desenvolvimento.

Muitos mestres subiram até o auditório. Pude observar que alguns deles eram bastante jovens, que na Terra não aparentariam ter mais que vinte anos, mas havia também alguns anciões com rosto de santo – o nosso mestre estava entre eles.

Do outro lado seguiram os guardiões em suas vestes bonitas e seus ornamentos que marcavam a personalidade deles: guerreiros. No palco, Clarissa olhava para cada um deles; estava iluminada, parecia flutuar.

— E então, Clarissa, não reconhece entre esses mestres e guardiões os dois homens que você ajudou a preparar para servir ao Senhor?

— Não, eu não reconheço as duas forças que me elevaram às alturas.

— A simplicidade e a humildade, a fé e o amor dessa filha por Deus são tão fortes que ela vê Deus em tudo e em todos – disse o diretor, emocionado. – E para prolongar ainda sua ansiedade, vamos fazer uma brincadeira. Vire-se e feche os olhos. Quando eu chamar, você pode se virar.

Clarissa obedeceu. O diretor deu sinal para um mestre e um guardião. Confesso que a nossa surpresa talvez tenha sido maior do que a da própria Clarissa. O guardião chamado era o moreno pelo qual Alaíde iluminava-se, e o mestre era um senhor muito simpático que estava sentado no auditório ao lado dele.

— Pode se virar, Clarissa! – disse-lhe o mestre.

Foi um momento tão emocionante que não teve um guardião ou um mestre que não estivesse enxugando as lágrimas. Os três ficaram abraçados – sobre eles caía uma chuva de luz. Uma música de elevação espiritual ajudava a compor toda a emoção do momento. Que bela lição nós recebemos naquele dia! Os espíritos estão muito mais sujeitos a surpresas do que os humanos.

Aquela era uma surpresa maravilhosa. Mas infelizmente no espírito nem todas as surpresas são belas, algumas delas são tristes e penosas. Alaíde me segredou:

— Rosa, ela parece mais jovem do que eu... E ele é filho de uma deusa e de um mestre, ele é um guardião! Eu sou apenas uma massa cinza perto deles.

Vi duas lágrimas rolando pelo rosto dela, estava triste e isso espiritualmente não era bom. Olhei insistentemente em direção do nosso mestre, que se virou. Com o olhar, implorei socorro para Alaíde. Apertei a mão dela, mentalizando o mestre. Logo recebi sua mensagem: "Fique calma, Rosa, está tudo bem. O amor nunca prejudica os que ama".

Foi uma noite de surpresas. Muitos espíritos retornavam para casa, como era o caso de Clarissa. Outros espíritos iluminados não reconheciam seus filhos, maridos e esposas. Todos estavam felizes e ansiosos para assumir suas tarefas. Outros trabalhadores da colônia Lírio da Paz deveriam se candidatar para o regresso à carne. A participação dos irmãos era voluntária. Vi grupos de trabalhadores se apresentando, eram espíritos transparentes que se candidatavam para reencarnar. Thereza apresentou-se como voluntária. Os nomes foram anotados na lista de seleção para o recrutamento e treinamento dos trabalhadores.

— Eu gostaria de ir! Semearia na Terra o amor que tenho recebido de Deus.

Alguns cantores e músicos se apresentaram ao vivo, em um espetáculo de magia e beleza sem fim. No intervalo, o diretor nos pediu uma atenção especial.

— Meus amigos, todos nós sabemos que Deus nada faz sem um motivo nobre. Esse encontro entre amigos é uma bênção do Pai na estrutura da nossa família. Eu gostaria que todos os guardiões, desejosos de um enlace matrimonial, a fim de formarem famílias, pudessem chegar até aqui – disse o diretor.

Cinco guardiões estavam de pé na nossa frente, podíamos vê-los sérios e decididos no palco. O moreno, alto, o amor de Alaíde, estava entre eles. Olhando para ela, disse:

— Senhor diretor, vós sois melhor do que eu para nos falar da origem do amor. Confesso que não pensava em construir uma família até o momento em que conheci aquela moça – disse apontando para Alaíde. – Depois que a vi a minha vida mudou, sua luz despertou em mim um sentimento nobre: o desejo de construir uma família. E neste momento o Senhor nos oferece essa oportunidade. Eu não posso me calar.

Todos os presentes bateram palmas. Alaíde estava trêmula e translúcida.

— Resta-nos saber – disse o diretor – se ela também sente o mesmo por você. O amor é uma dádiva de Deus, ele simplesmente surge e resiste ao tempo.

Ele convidou Alaíde a subir ao palco e abraçou-a com carinho.

— Vejo que esse guardião tem um finíssimo gosto. A escolhida do seu coração não é apenas bonita, mas muito prestativa também – acrescentou. – Então você é enfermeira, Alaíde?

— Sim, eu adoro ajudar o meu próximo trabalhando como enfermeira. Sou enfermeira por vocação e sirvo a Deus por amor.

— Alaíde, na verdade, o que todos nós queremos saber é o seguinte: um dos nossos guardiões presentes revelou o grande amor que você despertou em sua alma. O que você tem a dizer sobre isso?

— Mestre, eu me sentia culpada por amá-lo. Sei que não é proibido amar, mas tinha receio de não ser correspondida. Eu o amo com todo o meu coração.

Eu já estava chorando de emoção, o nosso mestre olhou em minha direção e, piscando um olho, me disse mentalmente: "Entendeu, Rosa, que a Lei do Amor derruba todas as outras leis?".

"Sim, mestre, compreendi. Que Deus abençoe e aumente cada vez mais sua Luz."

Os outros guardiões apontaram suas pretendidas, e com emoção vi que Thereza era uma delas. Mas Thereza havia se inscrito para a reencarnar, como poderia se casar? Logo pude entender a resposta.

Todos de mãos dadas recebiam os parabéns dos amigos e dos familiares. Os futuros noivos estavam transbordando de alegria. O mestre fez uma pausa, pedindo a nossa atenção:

— Caros irmãos, nós estamos na colônia Lírio da Paz. Aqui tudo é maravilhoso, límpido e perfumado. Diria eu que esta colônia também pode ser chamada de "Colônia do Amor". Os nossos amados jovens, que hoje deram um passo em busca de novos destinos, também sabem que o trabalho é o maior trunfo para a conquista de uma grande vitória e a sustentação da família espiritual. Dois dos nossos amáveis guardiões voltarão a brotar na Terra, para levar os frutos desse amor e espalhar seu doce sabor, cobrindo e amparando desabrigados. Levarão seus amores e sustentarão o vínculo da família. Thereza e seu pretendente formarão um desses casais. Alaíde e Marcelo ficarão em um dos postos da colônia Lírio da Paz e receberão os filhos daqueles que estão em missão para velar por eles até o retorno de sua família. Os noivos concordam ou não com a minha proposta?

Todos concordaram. Marcelo, o guardião noivo de Alaíde, deu um passo à frente, pediu licença ao mestre e falou:

— Meus amigos, eu sou um desses frutos. Por muitos anos minha mãe ficou longe de mim. Recebi os cuidados e o amor de um casal maravilhoso, aprendi muito com eles. Eu gostaria de pedir aos meus iluminados amigos que viessem até aqui.

Fiquei de boca aberta – o casal de almas reluzia entre outras luminosidades. Não aparentava ter mais de quarenta anos se estivesse encarnado. Eles abraçaram os pais do guardião, abraçaram o guardião e a noiva. Tudo o que vi naquela colônia foi uma grande lição de vida e de amor.

Como precisávamos seguir nossa viagem, foi decidido que Alaíde ficaria com os pais de Maeva na colônia Lírio da Paz, pois deveria se preparar para o grande dia: seu casamento. Ela me abraçou deixando cair duas lágrimas.

— Rosa, eu vou sentir muito sua falta – disse emocionada. – Acredito que agora devo fazer um estágio no espírito e construir uma família. Se você puder, venha me visitar. Gostaria que você, nosso mestre e todos meus irmãos e amigos de jornada estivessem presentes no meu casamento, que para mim será um dia muito importante.

O mestre nos observava e abraçando-nos disse:

— Alaíde e Rosa, as surpresas espirituais na vida daqueles que buscam a Luz são uma constância. Eu pessoalmente acredito que no seu casamento vamos aparecer. Tente ficar tranquila e prepare o seu enxoval.

— Enxoval? – perguntei espantada.

— Rosa, todas as noivas precisam preparar seu enxoval, e Alaíde não é diferente. Em todas as situações preparamos as coisas básicas que atenderão às nossas necessidades.

Agradecemos pela boa acolhida de todos os moradores da Lírio da Paz. O guardião Marcelo tomou o lugar de seu pai, alegando que Clarissa e o esposo mereciam um tempo a sós.

As boas novas iriam correr por todas as colônias vizinhas. Às vezes tentamos enviar nossos comunicados à Terra, porém são poucos os médiuns que compreendem o que tentamos lhes mostrar. Então, os depoimentos que ouvimos das pessoas encarnadas que veem luzes em determinados lugares podem ser um desses avisos? Sim, podem ser um desses avisos.

Meu Deus, quanta coisa ainda preciso aprender. Lembrei-me do vizinho de pai Antonio que nos disse que iríamos gostar da caminhada e que estávamos levando relativa bagagem, mas certamente regressaríamos com uma grande bagagem espiritual.

Abracei minha irmã Alaíde, desejando-lhe felicidades. Agradeci a todos e ganhei um belíssimo presente de Thereza: um ramalhete de lírios brancos e perfumados. Esse ramalhete tem um perfume especial.

— É o perfume da amizade – disse-me.

Entramos no veículo que nos levaria à próxima colônia. O mestre me ofereceu um pouco de água, bebi sentindo um aperto no coração. Eu precisava cumprir minha missão e não deveria me sentir angustiada pela felicidade de alguém que tanto amo: minha irmã Alaíde.

25.
Nosso Recanto

Olhando para os lírios gigantes que enfeitavam a entrada da colônia, compreendi que precisava caminhar muito, pois ainda me deixava levar demais pelas emoções. Na verdade, estava me sentindo triste pela saudade que sentiria de todos. No íntimo, estava fazendo mil planos para na volta aplicarmos todos juntos. Mas alguns já estavam em outros destinos.

Lembrei-me de uma noite na colônia vizinha à Terra. Brincamos uma com a outra, abraçamos e conversamos apenas com a nossa Luz, enquanto nosso corpo espiritual descansava. E agora ela ficava. Claro, não poderia lhe acontecer algo melhor, mas eu estava sentindo sua ausência.

Deixei que as lágrimas descessem livremente, eu precisava chorar, soltar as minhas emoções. Então, senti uma mão me tocando. Era um guardião.

— Rosa, eu posso me sentar ao seu lado?

— Claro, senhor. Perdoe-me por este momento de fraqueza.

— Onde está a fraqueza? Em suas lágrimas? Não, Rosa, não há fraqueza nas lágrimas de quem chora por amor. Ah, minha amiga, quantas lágrimas já derramei por amor... Sabe, Rosa, tenho a impressão de que as lágrimas que já derramei por amor poderiam criar um pequeno rio.

Fiquei apenas ouvindo. Respirei fundo e pensei: "Guardião pode chorar?".

— Pode, sim, Rosa. Guardião pode sorrir, chorar, amar, magoar-se. Um guardião é um ser como você, como qualquer outra criatura. Você apenas precisa trabalhar seu ponto de equilíbrio para não atrapalhar a missão alheia. Por exemplo, neste momento em que seu espírito está solitário, você pode despejar todas as suas lágrimas nesse invisível mar de amor.

"Passei anos, e não foram poucos, mas muitos anos, longe daqueles que são a razão da minha existência. Visitá-los era uma alegria imensa, mas na hora de partir explodia dentro de mim esse vulcão chamado saudade. Chorava ao vê-los em cada ser que eu acreditava estar ajudando, quando na verdade era eu quem recebia ajuda deles.

"Voltei à Terra tantas vezes como semente, que até preciso abrir o meu diário para conferir exatamente quantas passagens foram. Se você me perguntar quantas vezes estive na carne, de imediato não consigo responder ao certo. Além disso, visito a Terra regularmente em missão de paz. Pessoas queridas e amadas da minha alma estão na carne servindo de abrigo e de alimento para outros filhos de Deus. Não se assuste com o termo *alimento*, o trabalho daqueles que colaboram com o desenvolvimento da humanidade é o alimento para os espíritos fracos e necessitados de Luz

"Procure trabalhar no ponto central do seu equilíbrio, firme-se com segurança e certeza de que está fazendo o melhor por você mesma. Vamos, encoste a cabeça no meu ombro, feche os olhos e mentalize tudo o que lembra desta sua passagem no mundo espiritual. Quando terminar, mentalize quanto ainda você tem a fazer deste ponto em diante."

Encostei a cabeça e mentalizei minhas lembranças do Umbral até aquele momento do ombro que me amparava. Mentalizei o nosso veículo andando, mas não pude ver o que me esperava adiante. Tentei imaginar, mas apenas o clarão de uma luz ofuscava meus olhos. Parei, não sabia mais o que fazer, pois, de repente, apenas sabia que estava ali e que deveria prosseguir. Ainda de olhos fechados ouvi as palavras do guardião: "Rosa, você virou-se para trás e enxergou do ponto mais próximo ao seu passado até onde você se encontra agora. Virou-se para sua frente e enxergou o que é possível ver: Luz. Agora mentalize o seguinte: quantas coisas ficaram para trás que eu não posso enxergar, e não vendo com os olhos da alma de nada posso me lembrar? Depois mentalize: que Luz maravilhosa me aponta um caminho! E, por fim: está amparada por mãos bondosas, iluminadas e conscientes. Respire fundo, sinta o perfume do ar que anima a vida, abra os olhos lentamente e pergunte-se: 'Deus é injusto?'".

Respirei o ar puro que cheirava a ervas frescas. Um canto de pássaros quebrava o silêncio. Então, fui abrindo os olhos lentamente. Vi, como se fosse a primeira vez, os raios do sol que brincavam no alto de uma montanha coberta de flores cor-de-rosa.

"Deus, como é bom viver! Perdoai-me, Senhor, pela minha infantilidade. Obrigada, Senhor guardião. Meu Mestre amado, muito obrigada por tanto carinho e zelo com que nos acompanha."

Tomamos um pouco da água e eu já estava refeita. Mas ainda me restava uma dúvida, e como sempre nos ensinam os instrutores: não guardem dúvidas, tirem-nas de dentro de vocês, perguntem, perguntem e perguntem.

— Senhor guardião, eu gostaria que me instruísse no seguinte: será possível que um dia me lembre de outras passagens da minha vida?

— Sim, Rosa. Todos nós podemos enxergar por onde passamos, desde que isso venha a nos ajudar na caminhada que temos pela frente. Para isso, você deve seguir adiante. Mesmo parecendo que andamos em linha reta, nós estamos subindo os degraus da nossa vida. Conforme você vai galgando às alturas, mais pode ver o que foi deixando para trás. Anime-se, minha cara, estamos subindo, e do alto, dependendo do grau de Luz de cada um, é possível enxergarmos tanto para trás como para a frente. Procure se manter alegre e sempre disposta a ouvir e assimilar a Luz com o bem. Vamos apreciar a beleza deste trecho? Vou deixá-la sozinha. Aprecie a grandeza do Pai Criador e pense no que conversamos.

Ele se afastou e foi se sentar ao lado de outro irmão, provavelmente levando sua sabedoria e incentivando o espírito a se manter de pé.

Enquanto nosso instrutor conversava com um dos guardiões da caravana, eu me concentrei nas paisagens que se abriam à nossa frente. A estrada era plana e reta, com vários arvoredos nas encostas que abrigavam muitos pássaros e muitos ninhos com filhotes. Ela passava entre uma cadeia de montanhas cobertas de flores.

Mais adiante os arvoredos foram dando espaço para plantas pequenas e rasteiras. Sentiu um aroma maravilhoso de hortelã, erva-doce, cravo, canela e manjericão, que se espalhava pelo ar, dando uma sensação de paz e tranquilidade. As montanhas foram ficando para trás, e agora avistávamos um vale com muitos prédios brancos. Fiquei atenta, pois sabia que nos aproximávamos de uma colônia.

O carro foi diminuindo a velocidade, só então me dei conta de que sua velocidade ultrapassava a dos aviões terrenos.

Avistamos um portão baixinho sobre o qual qualquer pessoa passaria por cima sem dificuldades, mas ele estava fechado. O guardião tocou uma espécie de campainha e em instantes, para a minha surpresa, cerca de vinte crianças apareceram pulando e sorrindo ao nosso encontro.

Eram crianças lindas e saudáveis. Um menino, que vestia uma calça branca e larga que ia abaixo do joelho, combinando com o blusão azul e o boné, abriu um sorriso quando nos viu.

Tinha um rosto alegre, bochechas vermelhas como um morango maduro, orgulhoso. Abriu o portão e nos convidou a entrar. Os olhos pareciam duas contas de cristal azul e cintilavam como duas estrelas no céu.

— Sejam bem-vindos ao Nosso Recanto – disse-nos rindo enquanto as outras crianças nos recebiam felizes, abraçando cada um de nós.

As cercas que imitavam os muros da Terra eram de cravos brancos, rosas e ervas perfumadas. Isso mesmo, uma grande área cercada por muros de flores e ervas, todos do mesmo tamanho, todos floridos. Um jardim imenso circundava a área, pequenas fontes se formavam aqui e ali. Havia muitas borboletas e beija-flores voando que pareciam bailarinos. Também havia bancos baixinhos nas cores rosa, branco e azul com fotos das crianças nos seus macios encostos.

Mais adiante fiquei deslumbrada ao notar um pomar repleto de fruteiras anãs. As árvores frutíferas tinham o tamanho das crianças – meninos e meninas que aparentavam ter entre cinco e nove anos, no máximo.

As meninas pareciam bonecas, todas bonitinhas, com seus vestidos brancos, amarelos, rosas, verdes, lilases, azuis e floridos, todas com adornos infantis que lhes davam um ar angelical.

Lara, uma menina loira de olhos verdes, usava um vestido rosa e um laço de fita prendendo os cabelos, tinha um sorriso iluminado e aparentava ter uns cinco anos de idade aos olhos carnais. Ela pegou a minha mão e me convidou a segui-la. As outras crianças fizeram o mesmo com cada um do nosso grupo visitante.

— Venha, vou levar você para conhecer a nossa colônia.

Entramos em uma sala linda, decorada com quadros, pequenos vasos de flores e móveis confortáveis, mas bem baixinhos. Brinquedos instrutivos decoravam o ambiente. Fiquei encantada com uma boneca que nos cumprimentava:

— Sejam bem-vindos! Entrem, a casa é sua – e estendia a mão nos entregando uma pequenina flor.

— Ela é sua boneca? – perguntei para Lara com curiosidade.

— Não é minha, é de todas nós!

Fomos convidados a nos sentar. Lara pediu licença e logo mais retornou de mãos dadas com uma senhora de cabelos brancos, que nos recebeu sorridente. Em seguida apareceram alguns senhores de cabelos brancos, lembrando nossos avós. Cumprimentaram-nos com carinho e tratavam as crianças com um amor que não podia ser traduzido em palavras.

Os garotos empurravam um carrinho cheio de sucos, geleias, doces e bolos de frutas. Sentamos em volta de uma mesa baixa e comprida para lanchar com as crianças e seus avós.

Após o lanche fomos convidados para acompanhá-los ao parque de diversão. Eles tiveram aulas práticas de manhã, no lanche todos ficaram juntos. A tarde foi livre, e cada criança deveria participar de programas relacionados a sua faixa etária.

Fomos conhecer uma das áreas de descanso das crianças e de seus avós: um salão coberto por uma manta com as cores do arco-íris. Lá havia redes aconchegantes, camas reclináveis com grades, cadeiras de balanço e poltronas reclináveis que se ajustavam às necessidades de seus usuários.

Tudo estava em perfeita ordem e eram as próprias crianças que zelavam por tudo naquela colônia. Apenas recebem a orientação dos mestres e dos avós, mas faziam todo o trabalho desenvolvido na colônia. Bonecos, bichinhos e plantas de brinquedo tocavam uma canção de ninar, além disso, o perfume de ervas aromáticas completava o clima de descanso e relaxamento. Lara, de mãos dadas comigo, disse-me:

— Vamos levar vocês para conhecer toda a nossa colônia. E hoje você dormirá comigo, pois quero dormir abraçada com você.

Fiquei tão emocionada que me abaixei, peguei-a no colo, e dei um beijo em sua face rosada.

— Eu dormirei, se assim for possível. E vou dormir abraçada com você, Lara.

Acompanhamos as crianças, que nos levavam para o outro lado do jardim. Uma moça simples, mas muito simpática, veio ao nosso encontro e, olhando para as crianças, disse em tom de brincadeira:

— Pequenos guardiões, vocês devem mostrar a nossa colônia para as visitas!

— Sim, senhora – respondeu Joãozinho enquanto abria o portão e nos convidava a entrar.

Ela piscou para o nosso instrutor, que, colocando a mão na testa disse:

— Precisamos tratar de assuntos sérios com o vovô Moisés! Podemos ir enquanto vocês levam os visitantes para conhecer a colônia?
— Claro! Vocês podem ir falar com o vovô Moisés, pois já conhecem a nossa colônia! Mas os outros nunca vieram aqui, então, vamos levá-los para conhecer tudo.

Nosso instrutor e os guardiões acompanharam a moça, e nós ficamos com os avós e as crianças. Chegamos a um aquário em que havia vários peixinhos coloridos no meio de muitas plantinhas.

Também avistamos um minizoológico com bichinhos pequeninos de todas as espécies. O vovô Túlio piscou para mim dizendo:

— Esses animais são todos plasmados e inofensivos. Servem para o aprendizado e o conhecimento dos nossos netos.

— Ah! Entendi o que o Senhor quer dizer! – respondi.

Chegamos a um parque lindo, com brinquedos musicais e aparelhos modernos e instrutivos espalhados por todos os lados. Bonecos desciam para brincar com as crianças; bichinhos participavam dos jogos como juízes. Tudo era tão bonito, inocente e sereno que a gente entrava no mundo da magia.

Brincamos com as crianças e seus avós. Fomos a um parque aquático, onde as crianças, em sua inocência, brincavam de competir, e quem conseguisse mais pontos nos jogos aquáticos ganhava um cartão que dava direito a montar no golfinho azul, o mais disputado pelas crianças, pois ele falava e levava as crianças para andar por todo o lago, que era um mundo mágico, um reino de aventuras.

Lara ganhou na pescaria, pois deu aos peixinhos todas as respostas no menor tempo e não errou nenhuma resposta, então obteve o direito de ir dar uma volta no lago. Ao receber o cartão, ela foi até o golfinho azul me puxando pela mão.

— Senhor golfinho, eu poderia ceder a minha vez para essa amiga que não conhece o lago?

— Vamos fazer melhor – respondeu o golfinho. – Leve sua amiga com você. Podem vir as duas, eu as levarei para o merecido passeio.

Uma manta azul brilhante cobria o golfinho. Nós sentamos, e ele perguntou:

— Estão prontas? Então, vamos lá!

Saiu por cima das águas pulando. Víamos o fundo do lago, que era forrado de peixinhos coloridos e flores minúsculas. Passamos por cachoeiras, cascatas, parques floridos rodeados por pássaros lindos. Ao redor do lago havia um pomar com muitas frutas maduras. Os peixes pulavam com a nossa passagem. Foi um inesquecível passeio.

Quando retornamos, o sol já estava baixando e seus raios cintilavam entre a farta vegetação da colônia. Fui apresentada ao grupo de adolescentes e convidada a acompanhá-los. As crianças foram se cuidar, pois eles eram recolhidos aos seus aposentos cedo, e a colônia ficaria em silêncio até o romper da aurora.

Era a comunidade das crianças recuperadas. Elas colaboravam em tudo, desde o controle dos portões ao desenvolvimento das tarefas individuais de cada uma.

Eram dezoito horas, um grande relógio marcava as horas tal como na Terra, e todas as crianças estavam prontas. Um sino tocava e um coro angelical entoava a Ave-Maria em uma melodia que não tenho como descrever, a não ser dizer: "Somente Deus para criar anjos tão belos".

Na sala de orações havia cadeirinhas preparadas para os nossos anjos. De um lado ficavam os meninos, e do outro, as meninas. Paredes, chão e teto eram cobertos de pequeninas estrelas reluzentes e coloridas. Flores e ervas enfeitavam o salão, no centro havia uma pirâmide cercada por um arco-íris. Logo vimos uma mentora espiritual rodeada de anjos, sorrindo e de braços abertos chamando as crianças.

Os anjos entoavam hinos de louvor a Maria. Foi lindo ver aqueles anjos se elevando no ar até os braços da mentora. Ajoelhamos emocionados diante do grande espetáculo divinal.

A mentora beijava as crianças que sorriam embevecidas pela felicidade de se sentir amadas. A linda senhora sentou-se no gramado que aos nossos olhos parecia imenso. Cercada de carneiros pequeninos e muitos pássaros que sobrevoavam sua coroa, ela orava o Pai-Nosso acompanhada pelas crianças.

Logo mais os anjos se dividiram: anjos meninas servindo os meninos, anjos meninos servindo as meninas. Distribuíram sucos e manjar, que todos comiam e bebiam com prazer.

Antes sair, um por um tinha as mãos lavadas pela mentora, que beijava cada um deles. Vimos os nossos pequenos amigos se elevando no ar como pássaros voando.

Eu chorei de emoção. Nunca imaginei que pudesse existir no plano espiritual um lugar como aquele. Os seus moradores eram pequenos seres que todos os dias tinham o privilégio de jantar com uma mentora de tanta Luz.

— Agora nós vamos trabalhar purificando a nossa colônia. Quando você for dormir, vai encontrar tudo em ordem – disse-me Lara com seus olhos verdes brilhando.

As crianças saíram de mãos dadas orando e os jovens que nos acompanhavam nos convidaram a ir até os aposentos, a fim de nos recompor.

Observei que por onde as crianças passavam tudo se movia, das flores que se erguiam às águas da fonte que se elevavam. O ar estava perfumado, cheirava a flores e ervas.

Nosso instrutor sorriu, estava emocionado:

— Quanto mais andamos, mais descobrimos as Graças de Deus. Vamos refletir um pouco sobre tudo o que acabamos de presenciar, vão descansar um pouco, refaçam suas emoções. Daqui a meia hora nos encontraremos na sala de visitas.

Entrei no quarto iluminado e perfumado, que era enfeitado por mãos angelicais. Plasmei uma roupa nova e me retoquei por completa. (Os espíritos se retocam mantendo a aparência que lhes é permitida.)

Quando retornei, os guardiões brincavam com as crianças. Lara correu ao meu encontro de braços abertos.

— Você está linda! Quando eu crescer quero ser igual a você.

Abracei-a com os olhos marejados de lágrimas e respondi:

— E eu quero ser parecida com você, talvez um dia mereça essa felicidade – lembrava-me de vê-la beijando a mentora espiritual com tanta ternura e inocência no olhar.

O nosso instrutor disse-nos:

— Devemos nos recolher daqui a pouco. Não se preocupem, pois todos poderão ver o céu, a lua e as estrelas de sua cama quando estiverem deitados.

Lara pegou minha mão dizendo:

— Você dorme comigo. Quero lhe mostrar as constelações que mais gosto. Vamos dormir de mãos dadas. Assim que nosso corpo espiritual descansar, vamos sair e ajudar nossos irmãozinhos.

Acompanhei Lara. Deitamos em uma cama macia e aconchegante, ficamos de mãos dadas, e Lara recitou esta oração:

Obrigada, Senhor, por gostar de mim.
Sou muito feliz em poder ser útil.
Quero, Senhor, dividir essa felicidade com outros.
Nos braços de Tua Mãe descanso na Tua Luz.
Dai-nos, Pai, a Tua proteção hoje, amanhã, e sempre.
Ave Maria Cheia de Graça, o Senhor é Convosco,
Bendita és Vós entre as mulheres,
Bendito é o fruto do Vosso Ventre, Jesus.

— Olhe para o céu – disse apertando minha mão.

Vi o teto se abrindo lentamente para mostrar um céu estrelado. Lara foi me contando as histórias das constelações, a função e a importância de cada estrela. Eu estava maravilhada: "Como uma menina tão pequenina poderia saber tantas coisas sobre o infinito?".

Ela mesma me respondeu:

— O tamanho da semente não tem o mesmo do fruto nem da árvore!

Ficamos conversando sobre as maravilhas de Deus. Uma estrela cruzou o céu, então ela me explicou o processo de extensão daquela estrela. Disse que uma está se unindo a outra, onde vão se unir na Luz para futuramente gerar uma nova constelação.

— Na Terra, nossos pais se unem, deixam a casa de seus pais e geram seus filhos. Os animais se unem e geram seus filhos, as flores se unem e formam seus filhos, e no céu os astros se unem formando seus filhos – disse Lara.

Eu nunca pensei nessa hipótese: os astros se unirem para gerar novos astros. As estrelas gerando novas constelações.

— E o sol e a lua onde encontrariam seus pares?

— Não se preocupe, Rosa. Deus não gerou um só grão de areia sem par. Todos nós fomos criados formando pares que mais cedo ou mais tarde se encontrarão.

Em seguida, Lara fez uma proposta:

— Assim que você se desprender vamos sair, vamos entrar em sintonia com um país do planeta Terra. Vamos a um hospital? Os hospitais estão lotados de crianças. Os recursos são poucos e quase nenhum remédio.

Fechei os olhos e logo me vi fora do meu corpo, que flutuava sobre a cama. Nisso me veio uma dúvida:

— Quando estamos encarnados somos presos no espírito pelo cordão umbilical. Desencarnados, saímos em forma de Luz, e o nosso corpo espiritual fica sem proteção?

Lara sorriu, respondendo à minha pergunta:

— Nós podemos requisitar o nosso corpo a qualquer momento que se faça necessário. Eu deixo o meu porque me sinto mais leve e livre para transitar. Ninguém tocará nele, somente eu posso tocá-lo com a minha Luz. Essa é a vantagem de andarmos apenas usando a energia do nosso corpo, pois somente os espíritos sintonizados conosco podem nos tocar.

Olhei em direção ao lugar em que Lara estava deitada. Não vi seu corpo, apenas sua Luz ao meu lado. Ela riu:

— Você não está vendo, Rosa, porque apenas eu percebo o meu corpo, e você, o seu.

De mãos dadas, saímos e nos elevamos no ar. Que sensação maravilhosa, eu sentia a brisa passando pelos meus cabelos. Mas, se eu deixei o meu corpo em repouso, como podia estar tendo todas as sensações de um corpo?

— Na verdade, aquele corpo está aqui com você. Quando encarnados nós dividimos o corpo carnal e o espiritual, mas quando desencarnados não podemos mais fazer essa separação, pois somos apenas o espírito onde quer que estejamos. Por isso, sentimos, ouvimos e respondemos por todas as nossas ações.

Chegamos a um hospital terreno e fomos até a enfermaria onde estavam internadas várias crianças. Quase todas desnutridas, arquejavam em vez de respirar. Nós nos aproximados de uma menina com cerca de dois anos de idade. Ela estava sufocada, tossia e começou a vomitar. Tomava soro, a pobrezinha estava desesperada.

A enfermeira de plantão estava em outra sala tomando café. Sustentei a cabeça da garota para evitar que ela perdesse o fôlego, enquanto Lara corria até a enfermeira. Esta logo voltou e, vendo a garotinha se debater, foi até ela e com carinho disse:

— Oh! Meu Deus, você está vomitando, fique calma que nós vamos ajudar você – acionou a campainha enquanto retirava os lençóis sujos.

Um médico entrou no berçário e, ao examinar a criança, mandou a enfermeira trocar o medicamento. Meia hora mais tarde a menina dormia tranquila.

Lara aplicou vários passes no corpinho da garota. Vi uma fumaça negra se formando acima do corpo da menina, e Lara, com as suas mãozinhas iluminadas, ia afastando aquela sombra que foi deixando o quarto lentamente.

Andamos por todo o aposento, olhando berço por berço, caminha por caminha. Lara aplicava passes em todas as crianças. Um garotinho de oito meses de idade, quando Lara passou as mãos sobre seu corpo, deu um grito de dor, o que chamou a atenção da enfermeira que correu até ele. Lara continuava aplicando o passe, e vi nitidamente que do corpo do menino no centro do umbigo saía algo escuro que se movimentava.

O menino chorava de dor e se retorcia, seu rostinho estava molhado de suor. O médico aplicou-lhe uma injeção, e em poucos minutos o garoto aquietou-se – adormeceu chupando o dedinho.

A sombra desapareceu do aposento. Lara, com as duas mãos erguidas para o alto, me convidou com os olhos para acompanhá-la em uma oração. Ajoelhadas e de mãos dadas no canto do aposento, perto da janela, Lara começou a orar.

Mãezinha, muito obrigada por ter me ajudado mais uma vez.
Mãe querida, receba em Teus braços esses meus irmãos.
Pobrezinhos, não conseguem esquecer os que ficaram.
Dai a eles, Mãe, forças para vencer esta batalha na carne.
Amparai a todos eles, ó, Mãe!
Iluminai, Mãezinha, a caminhada de todos nós.

Oramos um Pai-Nosso e uma Ave-Maria.
Lara foi até a enfermeira e, beijando sua mão, disse:
— Sei que a senhora não me vê, mas seu coração me escuta. Obrigada, enfermeira, por cuidar com tanto carinho das crianças.

O dormitório estava tranquilo, todas as crianças dormiam, a enfermeira sentou-se em uma cadeira, olhava para todos os berços agradecendo a Deus e pensando: "Graças a Deus, todos dormem. Que Jesus esteja conosco e que sempre possa enviar seus anjos para nos ajudar". Ficou observando o sono dos inocentes e pensando em seus filhos que também estavam em casa dormindo. Graças a Deus, eles tinham boa saúde, e a enfermeira agradecia por isso todos os dias a Deus, e nunca se lamentava por ficar de plantão cuidando dos filhos de outras mães.

Com os olhos cheios de lágrimas, beijei a testa daquela enfermeira, ou melhor, daquele anjo. Disse-lhe baixinho:

— Deus te abençoe, minha irmã, és um anjo do Senhor que está na Terra para ajudar seu próximo.

Saímos de mãos dadas. Lara estava linda, os olhos verdes brilhavam com o sorriso mais belo que já recebi. Eu estava tão emocionada que minha voz embargou. Lara, ouvindo os meus pensamentos, respondeu:

— Rosa, você viu aquela amiguinha que passou mal?

— Sim, e vi também quanto você trabalhou por ela.

— Pois é esta a irmã que encarnou para se ajustar. Sua missão é resgatar seu filho da prisão do Umbral. Mas ela o ama tanto que não consegue viver sem pensar nele. Em seu mental, ela o puxa para si, o que atrapalha sua vida como encarnada. Sua doença carnal é provocada pela saudade do espírito querido. Quando ela acordar não vai mais se lembrar dele e logo estará recebendo alta e se preparando para cumprir sua missão.

— E o garotinho, o que houve com ele, Lara?

— Ele estava preso à sua amada, seu papel é resgatá-la, pois ela caiu espiritualmente por culpa dele. Para manter a estética com medo de ele a deixar por outra, ela fez dois abortos. Ele foi muito exigente com ela, tirou proveito da beleza física e das boas condições de vida que Deus lhe concedeu. Por amor, ela cometeu muitos pecados, deixou de viver sua vida para viver a dele. Sofreu muito como encarnada e continuava sofrendo no mundo dos espíritos. Ele se propôs a ajudá-la: encarnado, a receberia como filha. Ainda muito sensível às lembranças espirituais, puxava em seu mental aquela com quem tinha um compromisso.

"Quase todas as doenças infantis estão ligadas a problemas espirituais. Nosso trabalho é ajudar as crianças nessa fase, e conscientizar os espíritos sofredores a não atrapalhar o desenvolvimento daqueles que estão se preparando para ajudá-los. Vamos retornar à nossa colônia, acho que a Mãezinha está feliz com o nosso trabalho."

— Tenho certeza de que a Mãezinha do Céu está muito feliz com seu trabalho, e muitas mães da Terra também, Lara – respondi.

Retornamos sem dificuldade alguma e, ainda de mãos dadas, adormecemos em nosso corpo espiritual. Acordei com dois olhos verdes e um sorriso iluminado me dando bom-dia. Logo estávamos juntas a outras crianças e adultos, ouvindo a oração da manhã, que se intitulava "Bom Dia, Jesus!". Terminada a oração, todos deveriam fazer o desjejum e em seguida ir para a escola.

Nosso mestre, emocionado, agradeceu aos anjos da colônia, pois precisávamos seguir nossa missão. Abracei um por um e recebi um beijo deles. Todos me desejaram boa sorte.

Lara me olhava, senti um nó na garganta. Parecia que aquela menina loira de olhos verdes agora fazia parte da minha existência. Como lhe dizer adeus? Ela se aproximou de mim, abaixei-me para abraçá-la. E o que ouvi foi:

— Rosa, não fique triste. Você vai me encontrar em toda a sua caminhada. Eu estou em você ligada pela Luz do amor, portanto, aonde você for levará um pouco de mim. Você vai ficar aqui junto de mim também. Lá no hospital em que estivemos esta noite, você sentiu a força do amor. Se o amor atravessa até mesmo as trevas, na Luz não será mais fácil para nós? Não vamos atrapalhar a missão uma da outra, vamos caminhar de mãos dadas com a Luz.

Beijei Lara e saí, ainda com lágrimas nos olhos. Entramos no carro que nos levaria à nossa colônia de origem, nossa casa. Lara sorria e acenava, seus olhos verdes brilhavam como duas esmeraldas polidas.

O mestre tocou meu ombro e acrescentou:

— Rosa, aprenda com os pequenos. Pense no que ela lhe ensinou: se até os astros que se espalham na imensidão do infinito se encontram, imaginem aqueles que se afinam com a nossa alma!

26.
Reencontro inesperado

O carro deslizava lentamente pela estrada e o perfume das flores e das ervas da colônia que ficava para trás permanecia pelos arredores. O guardião sentou-se ao meu lado e me perguntou:

— O que a senhorita achou dessa colônia infantil?

— Mestre, quando eu penso que já estou equilibrando minhas emoções, deparo com lugares como esse. Como posso esquecer que existe uma pessoa chamada Lara? Um pedaço do meu coração ficou junto dela.

— E por que esquecê-la, Rosa? Não será mais fácil transportá-la consigo? Repare que o sol aquece o pequeno pássaro e também aquece o grande. Repare que do amor de Deus podemos retirar tudo o que necessitamos para sermos felizes.

Ficamos conversando durante muito tempo sobre tudo o que tínhamos visto. Avistei os prédios da nossa colônia, mas a estrada estava diferente! O caminho não me parecia o mesmo. O nosso instrutor aproximou-se de mim e tocou meu ombro dizendo:

— Rosa, não se assuste. Estamos voltando para casa e, às vezes, não prestamos atenção ou não conseguimos compreender os valores de cada coisa que deixamos para trás. Nesta excursão que fizemos pelas casas do Pai, você desenvolveu sua visão espiritual. Hoje posso afirmar que você está capacitada para assumir muitas tarefas importantes dentro e fora dessa colônia que te serve de abrigo.

Ao chegarmos ao portão foi aquela festa! Muitos irmãos nos aguardavam com as boas novas para nos dar. Fui trabalhar como uma das assistentes do nosso instrutor. A cada dia um aprendizado novo. Eu acompanhava ele e sua equipe em vários pontos de trabalho do Umbral à crosta terrena, dos centros espíritas às colônias, escolas e hospitais de recuperação.

Visitava e recebia visitas de meus familiares sempre que era possível. Minha irmã Alaíde, ajudada por outros mentores, havia resgatado muitos de nossos familiares.

Como espírito completamente consciente dos meus erros, porém disposta a trabalhar, eu não media esforços para desenvolver da melhor maneira possível todas as missões que me eram confiadas. Aprendi a ter fé, paciência e confiança em Deus.

Retornamos de uma longa jornada de trabalho. Estava em meu quarto me preparando para assistir a um musical, ansiosa para conhecer aquele cantor espiritual que alegrava e irradiava alegria nas colônias por onde passava, quando alguém bateu a porta. Fui atender e vi uma das nossas irmãs com um envelope dourado. Ela entregou-me e disse:

— Você é uma das convidadas especiais desta noite. Por isso, vai ficar sentada no palco, bem próxima do nosso convidado.

Agradeci a ela e abri o envelope. Em letras douradas estava escrito: *Você é uma convidada especial. É uma rosa entre muitas rosas...* Fiquei feliz, só podia ser coisa do nosso instrutor! Ele era sempre muito amável com todos nós.

Enquanto me arrumava, pensava que logo deveria assumir algumas tarefas delicadas, pois uma nova equipe se preparava para dar seu mergulho nas trevas. Nosso mentor tinha razão: quem faz essa viagem jamais volta a ser o mesmo, mas volta muito melhor! Olhei-me no espelho – já que ficaria no palco precisaria me arrumar bem! Apesar de eu não ser o centro das atenções, e sim o cantor, estaria em um lugar de destaque, por isso precisaria ficar bonita para fazer jus ao convite.

Lembrei-me do que Alaíde tinha comentado comigo a respeito do cantor:

— Quando ele canta, o céu se movimenta e o que está abaixo de Deus para para ouvi-lo... – como Alaíde era romântica!

Quando desci, um grupo de amigos já estava me esperando para irmos juntos e um deles comentou:

— Rosa, nós estávamos reclamando do seu atraso, mas olhando para você, acho que valeu a pena esperar.

André, outro irmão brincalhão acrescentou:

— Rosa, você quer ouvir o cantor ou quer que ele perca o fôlego e a voz!

Foram só risadas.

No palco havia muitos lugares. Luzes que corriam de um lado para o outro, pétalas de rosas coloridas caíam e se desmanchavam em forma de luz sobre as pessoas que lotavam o auditório. O palco estava ricamente decorado, os instrumentos musicais brilhavam como ouro. Fomos levados aos nossos lugares. Nosso instrutor se sentou ao meu lado e comentou bem baixinho no meu ouvido:

— Depois de tanto tempo trabalhando fora, nós merecemos estar aqui. Fique tranquila e não se sinta culpada.

Os músicos entraram e foram sendo apresentados um por um. Sentavam diante de seus instrumentos musicais. Os apresentadores, então, anunciaram:

— Para encher o nosso coração de alegria, uma salva de palmas para o nosso ilustre convidado!

A orquestra começou a tocar, e sobre nós caíram pétalas de rosas perfumadas que se diluíram em forma de luz, colorindo o chão. Nisso, um belíssimo jovem adentrou o palco, cantando ao som da orquestra. Todos, de pé, aplaudiram sua entrada.

Fiquei arrepiada. "Santo Deus! Seria possível alguém cantar desse jeito?". Sua voz era a mistura dos trovões, chuvas, ventos, perfumes, rios, mares... Ele mostrava todas belezas que existem dentro de cada um cantando!

Cada canção era uma história de vida. Por mais que eu tentasse segurar as lágrimas, não tinha como prendê-las. Elas pingavam dos meus olhos, algo lá dentro de mim despertava, lugares, rostos, saudades. Não sabia explicar o porquê, mas dentro de mim explodia uma chama de luz!

Terminado o espetáculo, fomos chamados para nos apresentar ao cantor que, de fato, deixava a todos emocionados ao ouvir sua voz angelical. Fomos apresentados um por um. Fiquei ao lado do nosso instrutor, no fim da fila, minhas mãos suavam. Eu tremia da cabeça aos pés.

Ao chegar próximo dele o mentor, com os braços sobre os meus ombros, disse:

— Júlio, é esta a Rosa por quem procurava?

Nós dois nos olhamos, nossas mãos se tocaram e nos abraçamos. Era como se uma cortina tivesse sido rasgada ao meio. Reconheci Júlio, a verdadeira essência do meu ser!

Todos os irmãos presentes batiam palmas, nosso instrutor se aproximou e nos disse:

— Rosa e Júlio! Depois de tantas caminhadas por estradas distantes, vocês se encontraram! Esta noite muitas estrelas cruzam o céu, muitos caminhos se abrem para a Luz, e uma Rosa se abre para uma nova vida!

E nos abraçando, disse:

— Rosa, não estamos dispensando você da nossa equipe, pois tem se mostrado uma grande e destemida colaboradora. Porém, achamos conveniente que acompanhe seu esposo, pois é uma grande oportunidade que Deus está oferecendo a vocês dois, que tentaram ser estrelas na Terra e fracassaram! Agora que aprenderam que o lugar das estrelas é nas alturas, bem próximas de Deus, espero que vocês se lembrem: o papel das estrelas é iluminar os caminhos daqueles que estão buscando voltar para a casa do Pai. Acreditamos que desta vez vocês dois se ajustaram, pois vejo uma só Luz unindo seus corações espirituais. Aqui está uma carta de recomendações para vocês. Boa sorte aos dois, e se precisarem de qualquer coisa, sabem onde me encontrar. Sejam felizes, vocês venceram!

Ficamos olhando aquele mentor se afastar para novas tarefas, resgatar e preparar outros filhos perdidos como nós a encontrar o caminho de casa. Ainda abraçados, fomos cercados de amigos, que nos desejavam sorte e felicidades. Alaíde, abraçando-me, falou ao meu ouvido:

— Segure-se para não cair! Espíritos não desmaiam, às vezes esqueço quem somos e onde estamos! Fique de pé e repare em quem está aí!

Vimos entrando calmamente no auditório, de mãos dadas com duas lindas crianças que portavam em suas mãozinhas um ramalhete de flores brancas, pai Antonio e outras pessoas que eu realmente nunca tinha visto.

Ele aproximou-se de nós e nos abraçou, pedindo para as crianças nos entregarem as flores. Ao me abaixar para receber o ramalhete – realmente se não fosse um espírito teria desmaiado! –, reconheci meus dois filhos, meus pais, irmãos e outros membros da nossa família.

Nossa emoção foi imensa. De repente tudo ficava claro, pois conseguimos reconquistar o que perdemos: a paz, a liberdade e a família. Estávamos juntos novamente.

— Deus é maravilhoso – disse pai Antonio, abraçando Júlio e Alaíde, que eram seus filhos.

Nossa última passagem na Terra foi marcada por desavenças, brigas, ciúmes e ambições. Famosos, cada um de nós queria brilhar mais que o outro, por isso deixamos de resgatar os verdadeiros valores da vida que era a nossa família. Impedi o nascimento daqueles que precisavam de mim, abortei meus filhos, por não querer estragar a minha bela plástica corporal. Graças a Deus, mãos bondosas como a de pai Antonio e de outros milhões de espíritos de Luz estão sempre guiando nossos tesouros. Outra mãe os recebeu na Terra para educá-los, ampará-los e devolvê-los ao aconchego da Luz.

Abracei esse anjo de Luz que cuidou de meus entes amados enquanto eu perambulava pelos caminhos errantes. Abraçada a ela, chorando, reconheci que na Terra ela foi apenas minha serviçal à qual nunca dei atenção e sempre a tratei com indiferença.

Meu Deus, como eu, existem outras mães que não imaginam nem enxergam que outras mães estão abraçadas aos nossos filhos exatamente porque nós os rejeitamos!

Depois desse reencontro passamos a viver na mesma colônia onde nossos entes amados residiam. Trabalhamos em equipe, e um dos nossos papéis era doutrinar pais e filhos. Adoramos quando somos escalados para trabalhar na zona do Umbral, ajudando aquelas mães a se reajustar com seus filhos e esposos. Cada família que se reajusta é para nós uma festa!

Adotamos várias crianças. Quando os pais precisavam voltar em um corpo carnal na Terra, nós assumíamos amorosamente a guarda dos pequenos. Quando os pais retornavam, geralmente continuávamos todos juntos, jamais perdemos o contato com nossos seres amados e nossos amigos.

As ilusões do mundo são passageiras, mas as alegrias do espírito são eternas. Precisei sofrer muito para descobrir que a felicidade existe e só depende de nós.

Deixei Júlio no escritório e fui acompanhar as crianças até a praça, onde ficava um belíssimo jardim. Observava nossas crianças brincando de pega-pega, quando vi Júlio se aproximando de mim e rindo.

— O que você aprontou desta vez? – perguntei, rindo também.

— Eu juro que não derramei nem quebrei nada ainda! Só quero que você me ajude com uma coisa.

— Tudo bem, se eu puder ajudá-lo! Sou sua companheira, esqueceu?

— Bem, eu observava você vendo nossos filhos e escrevi um verso. Gostaria de cantar, até já pensei em uma música, mas quero sua opinião.

— Meu Deus, Júlio! Você observava o que eu estava vendo? E isso vai dar uma música?

— Preciso de sua ajuda para encontrar a melodia adequada. Acabei de compor, e se você não gostar, rasgamos e guardamos segredo, fica só entre nós.

— Posso ler?

— Sou eu quem está te pedindo! – respondeu ele me abraçando.

Enquanto lia, lágrimas escorriam pelo meu rosto. Como alguém poderia ser tão sensível? Quando ele está compondo, Júlio anda de um lado para o outro, derruba ou derrama o que está à sua frente. Ele se envolve tanto que esquece que ainda não tem asas de anjo, que ele tem apenas a voz. A letra é assim:

A minha vida hoje é completa,
Tenho uma Rosa nos meus caminhos.
Foi Deus quem lhe perfumou.
Seu perfume cobre estas flores
Tão pequeninas do nosso jardim.

Rosa, Rosa, Rosa minha,
Se um dia eu te machuquei,
Perdoa este teu espinho.
Hoje, mais consciente, sou o teu caule!
Sou feliz juntinho desta Rosa linda!

Eu o abracei. Estava emocionada. Ele falou baixinho:
— Você está chorando porque gostou ou porque achou ruim?
— Júlio, o que você escreveu é o que eu peço a Deus todos os dias: viver juntinho de você! Você é o caule que me dá forças para me sentir como me sinto hoje: amada e amparada.

Obras da médium Maria Nazareth Dória

CONFISSÕES DE UM SUICÍDA
A trajetória de um homem que perdeu o amor de sua vida. José Carlos, inconformado com a morte de Maria, começa a beber e deixa de cumprir suas funções de pai e provedor. Um dia, angustiado pela saudade, e sob influência de espíritos sofredores, José Carlos faz um laço em uma árvore e se enforca, pois tinha esperança de encontrar seu grande amor do outro lado da vida.

AMAS
– as mães negras e os filhos brancos
(espírito Luís Fernando – Pai Miguel de Angola)
Livro emocionante que nos permite acompanhar de perto o sofrimento das mulheres negras e brancas que, muitas vezes, viviam dramas semelhantes e se uniam fraternalmente.

LIÇÕES DA SENZALA
(espírito Luís Fernando – Pai Miguel de Angola)
O negro Miguel viveu a dura experiência do trabalho escravo. O sangue derramado em terras brasileiras virou luz.

AMOR E AMBIÇÃO
(espírito Helena)
Loretta era uma jovem da corte de um grande reino europeu entre os séculos XVII e XVIII. Determinada e romântica, desde a adolescência guardava uma paixão por seu primo Raul.

SOB O OLHAR DE DEUS
(espírito Helena)
Gilberto é um maestro de renome internacional. Casado com Maria Luiza, é pai de Angélica e Hortência. Contudo, um segredo vem modificar a vida de todos.

UM NOVO DESPERTAR
(espírito Helena)
Simone é uma moça simples de uma pequena cidade. Lutadora incansável, ela trabalha em uma casa de família para sustentar a mãe e os irmãos, e sempre mantevse acesa a esperança de conseguir um futuro melhor.

JÓIA RARA
(espírito Helena)
Leitura edificante, uma página por dia. Um roteiro diário para nossas reflexões e para a conquista de um padrão vibratório elevado, com bom ânimo e vontade de progredir.

A SAGA DE UMA SINHÁ
(espírito Luís Fernando – Pai Miguel de Angola)
Sinhá Margareth tem um filho proibido com o negro Antônio. A criança escapa da morte ao nascer. Começa a saga de uma mãe em busca de seu menino.

MINHA VIDA EM TUAS MÃOS
(espírito Luiz Fernando – Pai Miguel de Angola)
O negro velho Tibúrcio guardou um segredo por toda a vida. Agora, antes de sua morte, tudo seria esclarecido, para a comoção geral de uma família inteira.

A ESPIRITUALIDADE E OS BEBÊS
(espírito Irmã Maria)
Livro que acaricia o coração de todos os bebês, papais e mamães, sejam eles de primeira viagem ou não.

HERDEIRO DO CÁLICE SAGRADO
(espírito Helena)
Carlos seguiu a vida religiosa e guardou consigo a força espiritual do Cálice Sagrado. Quem seria o herdeiro daquela peça especial?

VOZES DO CATIVEIRO
(espírito Luís Fernando – Pai Miguel de Angola)
O período da escravidão no Brasil marcou nossa História com sangue, mas também com humildade e religiosidade.

VIDAS ROUBADAS
(espírito Irmã Maria)
Maria do Socorro, jovem do interior, é levada ao Rio de Janeiro pela tia, Teodora, para trabalhar. O que ela não sabe é qual tipo de ofício terá de exercer!

Romances do espírito Alexandre Villas
Psicografia de Fátima Arnolde

O diário de Sabrina

Leandro e Sabrina se amam desde a época da escola, mas enfrentam uma série de dificuldades para viver esse amor, incluindo a mãe possessiva do rapaz e a irmã invejosa da moça. Uma história emocionante, repleta de desencontros e reencontros e que mostra a verdadeira força do amor.

Raio Azul

O renomado pintor Raul nasceu no Brasil mas foi ainda pequeno para a Espanha. Ao se tornar adulto, algo inexplicável o impulsiona a voltar à sua terra natal. Aqui chegando, reconhece em um quadro uma mulher misteriosa que o persegue em suas inspirações. Uma história arrebatadora!

Quando setembro chegar

Silvana sai da Bahia rumo a São Paulo para crescer na vida. Ela e Sidney se tornam grandes amigos e fazem um pacto por toda a eternidade. Um belo romance, que nos ensina que somos os roteiristas da nossa própria história e evolução.

Por toda a minha vida

A família D'Moselisée é respeitada pela sociedade francesa por seus famosos vinhos. Contudo, não podem desfrutar desse conforto porque o pai acha desperdício receber amigos. Este romance nos traz uma linda história de reencontros de almas afins em constante busca de aprendizado.

Enquanto houver amor

O médico Santiago e Melânia formam um casal feliz de classe média alta. Mas Melânia desencarna em um acidente, e a família começa a viver momentos tormentosos. Um romance que nos ensina que o verdadeiro amor supera todas as dificuldades.

Uma longa espera

Laura, moça humilde, envolve-se com um rapaz de classe alta. Como sabia que os pais dele jamais aceitariam, ao engravidar, decide terminar o romance. Devido a complicações durante a gestação, ela desencarna assim que os gêmeos nascem. Antes de partir, ela pede que sua grande amiga Isabel cuide das crianças. Assim começam suas aflições.

Memórias de uma paixão

Mariana é uma jovem de 18 anos que cursa Publicidade. Por intermédio da amiga Júlia, conhece Gustavo, e nasce uma intensa paixão. Até Gustavo ser apresentado para Maria Alice, mãe de Mariana, mulher sedutora, fútil e egoísta. Inicia-se uma estranha competição: mãe e filha apaixonadas pelo mesmo homem.

Livros de Elisa Masselli

É preciso algo mais

A violência se faz presente no mundo todo e, geralmente, está relacionada às drogas. Mas, se tudo está sempre certo e a Lei é justa, por que as drogas existem? Por que Deus permite isso? Por que um jovem, vindo de uma boa família com condições financeiras, usa drogas?
A história de Arthur, um adolescente inexperiente, mostra o que pode acontecer a quem se deixar levar pelas drogas: um longo caminho de dor e sofrimento para chegar à regeneração. Este livro pretende consolar todos que, direta ou indiretamente, estejam envolvidos com drogas.

Deus estava com ele

Walther é um jovem que mora no exterior, tem uma boa profissão e uma vida tranquila. Após a morte de sua mãe, descobre segredos que o fazem tomar uma atitude que muda completamente sua vida, levando-o a repensar conceitos, preconceitos e a conhecer a espiritualidade. Uma história emocionante e repleta de ensinamentos.

As chances que a vida dá

Selma leva uma vida tranquila em uma pequena cidade do interior. O reencontro inesperado com uma amiga de infância traz à tona todo o peso de um passado que ela não queria recordar, e toda a segurança de seu mundo começar a ruir de um dia para o outro. Que terrível segredo Selma carrega em seu coração? Neste livro, vamos descobrir que o caminho da redenção depende apenas de nós mesmos e que sempre é tempo de recomeçar uma nova jornada.

Apenas começando

Ao passarmos por momentos difíceis, sentimos que tudo terminou e que não há mais esperança nem um caminho para seguir. Quantas vezes sentimos que precisamos fazer uma escolha, porém, sem sabermos qual seria a melhor opção? Júlia, após manter um relacionamento com um homem comprometido, sentiu que tudo havia terminado e teve de fazer uma escolha, contando, para isso, com o carinho de amigos espirituais.

Não olhe para trás

Olavo é um empresário de sucesso e respeitado por seus funcionários. Entretanto, ninguém pode imaginar que em casa ele espanca sua mulher, Helena, e a mantém afastada do convívio social. O que motiva esse comportamento? A resposta para tal questão surge quando os personagens descobrem que erros do passado não podem ser repetidos, mas devem servir como reflexão para a construção de um futuro melhor.

Envolventes romances do espírito Margarida da Cunha com psicografia de Sulamita Santos

Pronto para recomeçar
João Pedro é um menino calado e estudioso e que sonha ter uma banda de rock. Vivendo em um lar sem harmonia com a mãe carinhosa e o pai violento, ao entrar na adolescência, começa a se envolver com drogas. Uma história com ensinamentos valiosos sobre a vida após a morte e sobre nossas batalhas cotidianas.

Um milagre chamado perdão
Ambientado na época do coronelismo, este romance convida-nos a uma reflexão profunda acerca do valor do perdão por intermédio de uma emocionante narrativa, na qual o destino de pessoas muito diferentes em uma sociedade preconceituosa revela a necessidade dos reencontros reencarnatórios como sagradas oportunidades de harmonização entre espíritos em processo infinito de evolução.

O passado me condena
Osmar Dias, viúvo, é um rico empresário que tem dois filhos – João Vitor e Lucas. Por uma fatalidade, Osmar sofre um AVC e João Vitor tenta abreviar a vida dele. Contudo, se dá conta de que não há dinheiro que possa desculpar uma consciência ferida.

Os caminhos de uma mulher
Lucinda, uma moça simples, conhece Alberto, jovem rico e solteiro. Eles se apaixonam, mas, para serem felizes, terão de enfrentar Jacira, a mãe do rapaz. Um romance envolvente e cheio de emoções.

Doce entardecer
Paulo e Renato eram como irmãos. Amigos sinceros e verdadeiros. O primeiro, pobre e o segundo, filho do coronel Donato. Graças a Paulo, Renato conhece Elvira, dando início a um romance quase impossível.

À procura de um culpado
Uma mansão, uma festa à beira da piscina, e, de madrugada, um tiro. O empresário João Albuquerque de Lima estava morto. Quem o teria matado? Os espíritos vão ajudar a desvendar o mistério.

Desejo de vingança
O jovem Manoel apaixona-se por Isabel. Depois de insistir, casam-se mesmo ela não o amando. Mas Isabel era ardilosa e orgulhosa. Mais tarde, envolve-se em um caso de traição conjugal com desdobramentos inimagináveis para Manoel e os dois filhos.

Laços que não se rompem
Margarida, filha de fazendeiro, conhece Rosalina, filha de escravos, e ambas passam a nutrir grande amizade. Um dia, a moça se apaixona por um escravo. E aí começam suas maiores aflições.

Leia os romances de Schellida
Psicografia de Eliana Machado Coelho

PELO ESPÍRITO JOÃO PEDRO

Av. Porto Ferreira, 1031 - Parque Iracema
CEP 15809-020 – Catanduva/SP
17 3531.4444

www.lumeneditorial.com.br | www.boanova.net
atendimento@lumeneditorial.com.br | boanova@boanova.net